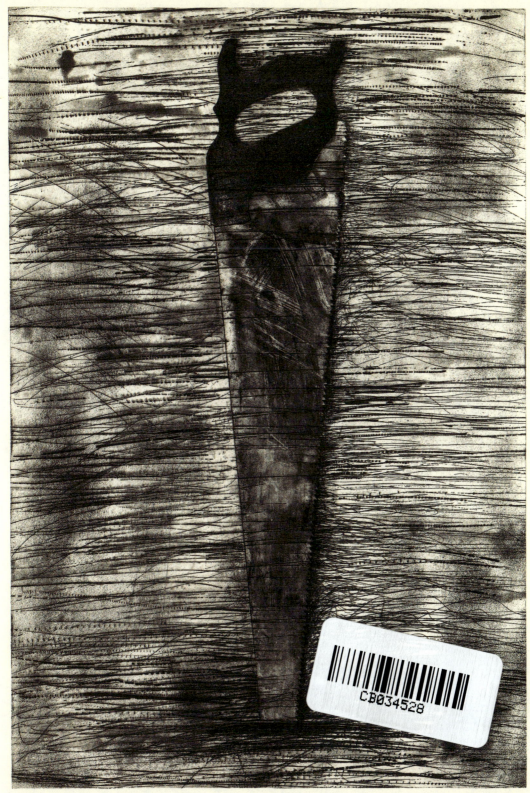

A/P   Dine   1976

"A genialidade do fascismo", escreve Toni Morrison no ensaio que abre esta edição, "está no fato de que qualquer estrutura política pode hospedar o vírus, e praticamente qualquer país desenvolvido oferece um caldo de cultura adequado." ◖ A advertência da escritora americana, feita em 1995 a uma plateia de estudantes e professores, iria ganhar desconfortável atualidade em seu país com o governo de Donald Trump. E também no nosso depois do resultado das últimas eleições. ◖ A *serrote* traz de volta as sensatas palavras de Morrison porque se faz necessário, agora como nunca, ressaltar a importância de valores que até então eram dados como inatacáveis. ◖ É preciso lembrar, com Marina Garcés, que a razão é emancipadora e um dos fundamentos da liberdade. Que o feminismo é obra inacabada e permanente, desde a militância histórica de Adrienne Rich até a ficção de mulheres duplicadas flagrada por Camila von Holdefer. Ou ainda que o realismo, como argumenta Daniel Galera, parece insuficiente para retratar a realidade quando a literatura se confronta com tragédias ambientais em Fukushima, Mariana ou Brumadinho. ◖ Engajar-se é também, ou sobretudo, engajar a imaginação em tempo integral, como o faz Juan Villoro, diante da típica mesa de trabalho do escritor, ou Marília Garcia, costurando memória, prosa, poesia e ensaio no indefinível "Expedição nebulosa". ◖ Aos que confundem mobilização com alarme ou precipitação, é preciso, uma vez mais, ouvir Toni Morrison: "Não nos esqueçamos de que, antes de haver uma solução final, deve haver uma primeira solução, uma segunda, até mesmo uma terceira". ◖ O EDITOR

POLÍTICA
4 Toni Morrison / Henry Taylor

Racismo e fascismo

GÊNERO
18 Paul B. Preciado / Virginie Despentes / Alberto Giacometti

Beauvoir vista por

FEMINISMO
28 Adrienne Rich / Tatiana Blass

Raiva e ternura

ENSAIO PESSOAL
52 Gabriela Wiener / Antonio Seguí

Três

CRÍTICA
60 Camila von Holdefer / Rachel Levit

Mulheres duplicadas

LITERATURA
82 Noemi Jaffe

Rosa, substantivo, substância

ENSAIO VISUAL
96 Fabrício Corsaletti

Objetos literários, modos de usar

ARTE
114 Matías Serra Bradford

Cinco pintores leitores

ENSAIO
134 Juan Villoro / Saul Steinberg

Viagem em torno de uma mesa de trabalho

POESIA
156 Marília Garcia

Expedição nebulosa

FILOSOFIA
182 Marina Garcés / Anish Kapoor

Por um radicalismo iluminista

SOCIEDADE
208 Daniel Galera

Ondas catastróficas

TONI MORRISON

RACISMO E FASCISMO

NÃO NOS ESQUEÇAMOS DE QUE, ANTES DE HAVER UMA SOLUÇÃO FINAL, DEVE HAVER UMA PRIMEIRA SOLUÇÃO, UMA SEGUNDA, ATÉ MESMO UMA TERCEIRA. O MOVIMENTO RUMO À SOLUÇÃO FINAL NÃO É UM SALTO. EXIGE UM PASSO INICIAL, SEGUIDO DE OUTRO, E OUTRO MAIS. TALVEZ ALGO ASSIM:

Henry Taylor *I'm Yours*, 2015 © Henry Taylor, cortesia do artista e da galeria Blum & Poe, L. Angeles/N. York/Tóquio

CONSTRUA UM INIMIGO INTERNO, PARA SERVIR TANTO COMO FOCO QUANTO COMO ALGO QUE DESVIE A ATENÇÃO DAQUILO QUE SE DESEJA OCULTAR.

ISOLE E DEMONIZE ESSE INIMIGO, DESENCADEANDO E PROTEGENDO A PRÁTICA DE OFENSAS VERBAIS E INSULTOS OSTENSIVOS OU INDIRETOS. USE ATAQUES DE CARÁTER PESSOAL COMO ACUSAÇÕES LEGÍTIMAS CONTRA O INIMIGO.

3

RECRUTE E CRIE FONTES DE INFORMAÇÃO E DIVULGADORES DISPOSTOS A REFORÇAR O PROCESSO DE DEMONIZAÇÃO PORQUE ELE É LUCRATIVO, PORQUE OFERECE PODER OU SIMPLESMENTE PORQUE FUNCIONA.

SEGREGUE TODAS AS FORMAS DE ARTE; MONITORE, DESACREDITE OU EXPULSE QUEM DESAFIAR OU DESESTABILIZAR OS PROCESSOS DE DEMONIZAÇÃO E DEIFICAÇÃO.

SABOTE E CALUNIE TODOS OS REPRESENTANTES E SIMPATIZANTES DO INIMIGO ASSIM CONSTRUÍDO.

PROCURE, ENTRE OS INIMIGOS, ALIADOS QUE CONCORDEM COM O PROCESSO DE EXPROPRIAÇÃO E POSSAM CONTRIBUIR PARA "LIMPÁ-LO".

7

USE PUBLICAÇÕES ACADÊMICAS E MEIOS DE COMUNICAÇÃO DE MASSA PARA CARACTERIZAR O INIMIGO COMO UMA PATOLOGIA; POR EXEMPLO, RECICLE O RACISMO CIENTÍFICO E OS MITOS DE SUPERIORIDADE RACIAL PARA RELACIONAR A PATOLOGIA A DETERMINADOS SEGMENTOS DA POPULAÇÃO.

8

TRANSFORME OS INIMIGOS EM CRIMINOSOS. ENTÃO, PROPORCIONANDO OS RECURSOS ORÇAMENTÁRIOS CABÍVEIS E EXPLICANDO SUA NECESSIDADE, PREPARE AS INSTALAÇÕES ONDE O INIMIGO FICARÁ CONFINADO, EM ESPECIAL OS HOMENS E SEM DÚVIDA SEUS FILHOS.

9

PREMIE A INDIFERENÇA E A APATIA COM DIVERSÕES MONUMENTAIS E PEQUENOS PRAZERES E SEDUÇÕES: ALGUNS MINUTOS NUM PROGRAMA DE TELEVISÃO, UMAS POUCAS LINHAS NUM ARTIGO DE JORNAL; MIGALHAS DE SUCESSO APARENTE; A ILUSÃO DE PODER E INFLUÊNCIA; ALGUM DIVERTIMENTO, DOSES MODERADAS DE ESTILO E IMPORTÂNCIA.

10

**A QUALQUER CUSTO,
MANTENHA-SE EM SILÊNCIO.**

Em 1995, o racismo vestiu roupa nova e comprou um novo par de botas, mas nem ele nem o fascismo, súcubo que é seu irmão gêmeo, são novos ou podem fazer algo de novo. Juntos, eles só são capazes de reproduzir o ambiente que sustenta sua própria saúde: medo, negação e uma atmosfera em que as vítimas perderam a vontade de lutar.

As forças interessadas em soluções fascistas para os problemas nacionais não estão neste ou naquele partido político, numa ou noutra ala de determinado partido. Os democratas não têm condições de apresentar uma história imaculada de igualitarismo. Nem estão os liberais isentos de projetos de dominação. Os republicanos abrigaram em seu seio abolicionistas e supremacistas brancos. Conservadores, moderados, liberais; direita, esquerda, extrema esquerda, direita radical; religiosos, laicos, socialistas – não devemos nos deixar cegar por esses rótulos de Pepsi e Coca-Cola, pois a genialidade do fascismo está no fato de que qualquer estrutura política pode hospedar o vírus, e praticamente qualquer país desenvolvido oferece um caldo de cultura adequado. O fascismo usa a retórica da ideologia, mas constitui de fato um fenômeno de marketing, a propaganda do poder.

Ele é reconhecível pela necessidade de expurgar, pelas estratégias que emprega para expurgar, e por seu pavor de projetos verdadeiramente democráticos. É reconhecível por sua determinação em converter todos os serviços públicos em empresas privadas, todas as organizações sem fins de lucro em empreitadas lucrativas – de modo que desapareça o abismo estreito, mas protetor, entre o governo e os negócios particulares. Transforma os cidadãos em pagadores de impostos – de modo que os indivíduos se enfureçam até mesmo com a noção do bem público. Transforma vizinhos em consumidores – de modo que nosso valor como seres humanos não seja medido pela benevolência, pela compaixão ou pela generosidade, e sim por nossas posses. Faz com que a criação dos filhos vire uma fonte constante de pânico – de modo que votemos contra os interesses de nossos próprios filhos, contra a saúde deles, a educação deles, a segurança deles contra o uso de armas. E, ao provocar todas essas mudanças, o fascismo produz o capitalista perfeito, aquele que está disposto a matar um ser humano em troca de alguma mercadoria (um par de tênis, um blusão, um carro) ou a matar gerações para obter o controle de muitas mercadorias (petróleo, drogas, frutas, ouro).

Quando nossos medos forem todos transformados em episódios de uma série, nossa criatividade censurada, nossas ideias levadas ao mercado, nossos direitos vendidos, nossa inteligência reduzida a palavras de ordem, nossa força exaurida, nossa privacidade leiloada; quando a vida estiver completamente transformada em encenação, em entretenimento, em comércio, então vamos nos encontrar vivendo não numa nação, mas num consórcio de indústrias em que seremos totalmente ininteligíveis uns para os outros, exceto pelo que conseguirmos ver através de uma tela escura.

Vencedora do prêmio Nobel de Literatura de 1993, **Toni Morrison** (1931) é autora de clássicos contemporâneos como os romances *Amada* e *Jazz*. Incluído na antologia *The Source of Self-Regard – Selected Essays, Speeches and Meditations* (2019), este texto de irretocável atualidade tem origem em discurso proferido na Howard University, de Washington, em 1995.
Tradução de **Jorio Dauster**

Em suas pinturas, esculturas e instalações, o artista plástico americano **Henry Taylor** (1958) retrata parentes, amigos e figuras das ruas de Los Angeles, onde vive, e personalidades negras americanas, como Miles Davis e Cicely Tyson.

Nos 70 anos da primeira edição de *O segundo sexo*, duas das vozes mais originais e radicais do debate sobre gênero, Paul B. Preciado e Virginie Despentes, comentam com irreverência e inventividade o legado intelectual e político de Simone de Beauvoir

Beauvoir
vista por

Alberto Giacometti
Página ao lado: *Head of Simone de Beauvoir on a Base, c.* 1946
Próxima página: *Head of Simone de Beauvoir in Profile, c.* 1946
© Alberto Giacometti Estate
(Fondation Giacometti Paris +
ADAGP Paris) / AUTVIS, Brasil, 2019

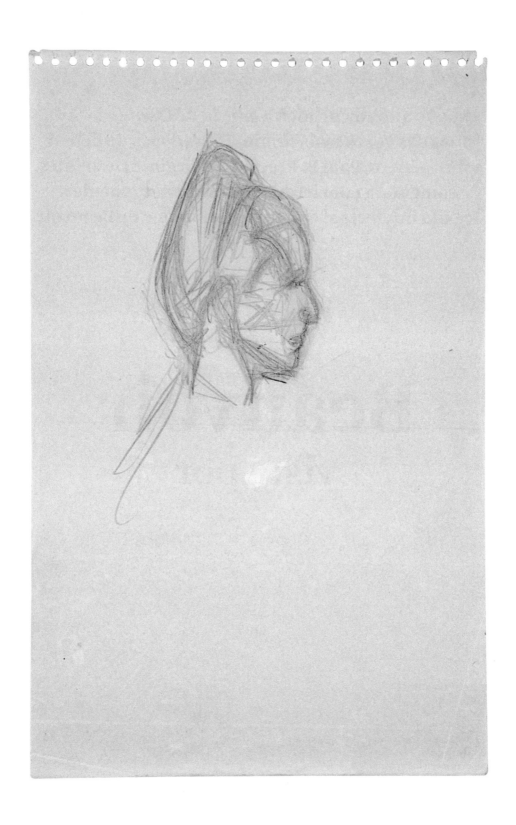

Por um "dia do turbante"

Paul B. Preciado

No contexto político pós-11 de Setembro e em meio à exaltação dos discursos nacionalistas cristãos na Europa, que transformaram o véu em símbolo de opressão das mulheres na cultura islâmica (e tornaram visível a diferença muçulmana no espaço público), seria difícil não pensar em Simone de Beauvoir, pioneira incontornável do feminismo no pós-guerra, com sua postura dissonante e quase histriônica ao ostentar um inconveniente turbante.

O que torna o gesto de Simone de Beauvoir tão singular não é ela ter usado o turbante entre 1939 e 1945, mas o fato de nunca mais ter deixado de usá-lo. Depois da guerra, Beauvoir tornou-se uma filósofa-de-turbante. Quando não estava com ele, a força formal do turbante permanecia de outras maneiras: ela enrolava a própria cabeleira ao redor da cabeça, construindo, assim, uma espécie de turbante natural. O conjunto corpo-turbante adquire uma consistência *post mortem* que ultrapassa, então, a vontade de representação da própria Simone de Beauvoir: no ritual funerário de 14 de abril de 1986, expuseram seu cadáver coroado com um turbante vermelho, como se essa peça de tecido tivesse se convertido, com o tempo e por meio de um processo de materialização somática, numa parte indissociável do corpo público da filósofa.

Na iconografia do feminismo do século 20, há o turbante-Beauvoir, o afro-Angela Davis, o bigode-Adrian Piper, a boina-Monique Wittig, a barba-Patrick Califia, o *chanel*-louro-Kate Bornstein... Como pensar, hoje, no significado histórico desse turbante? Formulando de outro modo, seria possível traçar uma genealogia do feminismo que estabeleça relações entre a crítica à opressão das mulheres brancas surgida no pós-guerra na Europa e nos Estados Unidos, da qual Simone de Beauvoir é figura emblemática, e os feminismos periféricos – feminismo *queer*, negro, indígena, árabe... –, que questionam a ideia de que a mulher branca heterossexual é o único sujeito político de um movimento de transformação social? Feminismos esses cujos discursos e teorias críticas foram encobertos por um feminismo hegemônico, e que agora começam a se tornar visíveis. Seríamos capazes, neste momento, de dar ouvidos a uma feminista de turbante?

Beauvoir, que ao lado de Joan Riviere foi a primeira a rejeitar a ideia de uma verdade essencial e interior de feminilidade, se cobre e se mostra por meio de seu turbante. Considerado ao mesmo tempo adereço e penteado, oscilando entre chapéu e peruca, prática oriental e touca improvisada, o turbante produz em Beauvoir um efeito que, com Judith

Butler, poderíamos chamar de técnica de "estilização corporal do gênero". Ao introduzir uma ruptura com a norma, num único gesto ele cria e diferencia a feminilidade heterossexual branca ocidental e centro-europeia.

O uso obstinado que Beauvoir faz do turbante poderia ser interpretado como uma forma de desobedecer ao gênero, mas também como uma espécie de oposição ao nacional. Esse gesto produz um distanciamento cultural precisamente na parte do corpo (a cabeça, o rosto) que carrega os sinais mais determinantes da identidade entendida como verdade anatômica. Se, na gramática da feminilidade heterossexual, o cabelo é historicamente marcado como símbolo da sedução, o turbante, ao cobrir o cabelo, neutraliza-o, desnaturaliza-o. Com seu significante deslocado, ou seja, ao se assumir como citação hiperbólica de outro tempo, outra cultura e outro gênero para o corpo, o turbante é uma técnica paródica que faz parte de um exercício de travestimento por meio do qual a filósofa enquadra e teatraliza, ao mesmo tempo, a feminilidade burguesa heterossexual e a sua recusa.

O turbante de Beauvoir, cada vez mais dissonante e absurdo à medida que o século avança, é um traço de inscrição na identidade pública das práticas *queer* da autora: recusa das instituições "casamento" e "monogamia", crítica à maternidade vista como legitimação final do corpo feminino, relacionamentos lésbicos, prática da filosofia e da política, até então consideradas prerrogativas masculinas... Em última instância, seria possível considerar, retrospectivamente, o turbante beauvoiriano como um véu laico e *queer*. Eu me pergunto se não seria mais beauvoiriano instaurar "o dia do turbante", em vez de "o dia da saia" (do qual, pessoalmente, me custaria muito mais participar, depois de anos de resistência à imposição normativa da feminilidade ocidental). O turbante poderia ser usado indiferentemente por homens, mulheres e outros em homenagem à autora de *O segundo sexo*, mas também como símbolo de um esforço coletivo de resistência às tecnologias dominantes de produção do gênero, da sexualidade e da identidade nacional.

Paul B. Preciado (1970), antes conhecido como Beatriz Preciado, é filósofo de importância fundamental para o movimento *queer*, que milita pela destruição radical das identidades de gênero. É autor de *Manifesto contrassexual* e *Testo junkie: sexo, drogas e biopolítica na era farmacopornográfica*, ambos publicados pela n-1 edições.
Tradução de **Marília Garcia**

Entre os mandarins

Virginie Despentes

Se fizermos uma leitura um pouquinho *kitsch populi* de *Os mandarins*, será fácil perceber que estamos diante de uma prequela de grandes séries de TV. Algo entre *Ilha da sedução*, *Mad Men*, *Desperate Housewives* e *Gossip Girl*... Saint-Germain logo depois da guerra, Jean-Paul Sartre com seus comprimidos de anfetamina e sua queda por jovens louras, Simone de Beauvoir e seu uísque (bebe-se muito mais nesse romance do que em qualquer história de Bukowski), Arthur Koestler e seus estrondosos ataques de fúria, Albert Camus, surpreendente fio condutor da série, com um cigarro pendurado na boca, um cachecol da Burberry e seu ar melancólico. Um jornal, um bar, um amante americano, uma mulher abandonada que flerta com a loucura, uma jovem atriz bonita demais para ser honesta, uma moça de família ninfomaníaca e temperamental, alguns conspiradores do mercado financeiro, vários motivos para uma vingança, assassinos em fuga e idosas fúteis e indecentes... Temos todos os ingredientes.

Para uma versão contemporânea, é claro que daria para pensar numa sequência de *flashbacks*, à maneira de *Lost*, que aos poucos revelaria quem resistiu, quem hesitou e quem tinha duas caras. Também daria para acrescentar alguns *flash-forwards*

pertinentes – quem continuará comunista e quem vai tombar para a direita, quem achará a coisa um pouco mais complexa do que isso e quem vai dominar o jornal de quem. Em 1954, quando o romance foi publicado, Simone de Beauvoir negou que tivesse escrito um *roman à clé*, gênero que já tinha declarado não apreciar. Porém, fica difícil não pensar que, ao menos em alguns momentos, ela se aproveitou conscientemente da vida de Albert Camus para criar alguns traços de um de seus personagens. Henri, de *Os mandarins*, é diretor do jornal *Espoir*, enquanto Camus era editor do *Combat*; Henri lança um romance de grande sucesso depois da guerra, enquanto Camus já era o autor de *O estrangeiro*; Henri e Dubreuilh são amigos por dez anos antes de se desentenderem, assim como Camus e Sartre eram próximos antes da briga que tiveram por meio da imprensa.

Que Simone de Beauvoir tenha aproveitado a ocasião para acertar algumas contas com a realidade é seu direito como autora. Que Albert Camus tenha levado a mal é o menor dos problemas. Mas o desconcertante dessa história toda, olhando em retrospecto, é que o personagem de Henri, sem sombra de dúvida, é o mais complexo e mais vivo, ele é o que mais se destaca em todo o livro. É uma

*Bust of Simone de Beauvoir
in Profile, c.* 1946
© Alberto Giacometti Estate
(Fondation Giacometti Paris +
ADAGP Paris) / AUTVIS, Brasil, 2019

prova extra de que o romance tem razões que a autora ignora: um comportamento que não era completamente bem-vindo, nem necessariamente honesto ou elegante, torna-se sua maior fonte de inspiração, liberando uma voz que, sem esse procedimento, não teria conseguido forçar os limites do tolerável. Em *Os mandarins*, o personagem de Dubreuilh, que sem sombra de dúvida representa Sartre, praticamente não existe. Não é amante, nem amigo, nem pai, nem pensador, nem gênio, nem temperamental, nem engraçado. É um homem corajoso, quase um papel secundário, que se esforça para tomar corpo no romance, apesar de influenciar o destino de Henri, muitas vezes traindo o amigo mais ou menos de propósito. Quanto ao amante americano de Anne, ele é tratado como as mulheres nos romances escritos por homens: é desejável e sexualmente satisfatório. A narradora se esforça para compreender sua psicologia caótica, fica obcecada por esse homem, pois ele permite que ela se sinta viva, e já não se interessa mais pelos acontecimentos que marcam a vida dele.

Com Henri, é diferente. A autora espalhou indícios suficientes para confundir o leitor; ninguém vai desmascará-la por detrás desse homem, já que ela escolheu Camus como fonte de inspiração. Ela pode trabalhar tranquila. Com a chave que encontrou, pode ficar à vontade para trazer à tona os segredos que lhe interessam. Pode falar pela boca do outro sobre as próprias dúvidas políticas relacionadas ao uso da violência, sobre o desejo egoísta de viajar depois da guerra em vez de se dedicar à política, sobre a manipulação desonesta de pessoas próximas em nome da política, sobre uma certa sensação de depressão ideológica, que faz com que, entre o modelo imperialista americano e o comunismo soviético, já não exista motivo para esperar que estejamos no caminho da Utopia. Henri também serve como referência para dizer o que é o sucesso (essa humilhação) ou o escândalo, que, para os intelectuais, "parece sempre benigno quando é causado pelo outro". A autora, que tinha acabado de publicar *O segundo sexo*, sabe do que está falando. Ela pode expressar, também, todo o desprezo que sente pelos homens covardes que vão para a cama com meninas sem sal e que fariam qualquer coisa – começando por negar as próprias convicções – para não as perder. *Os mandarins* é também a história dos intelectuais de esquerda no pós-guerra. A Revolução Russa tem a mesma idade de Anne e Helena, 40 anos – a mesma idade de Simone de

Beauvoir. Muitas vezes, no romance, sacrifica-se a "literatura" em prol da "política". Não há tempo para fazer as duas coisas, ou não se pode praticar livremente uma delas se a grade de proteção da outra nos impede de circular. A Revolução Russa, assim como o corpo e o coração das mulheres do romance, exagera na dialética para disfarçar, mas ela também entrou na guerra sem idade para isso, e saiu com um passado que parece mais pesado que o futuro. Aquilo que o autor não está autorizado a dizer com a própria voz, o romance repete a cada página: é tarde demais. Foi preciso atravessar o corpo de um inimigo íntimo para poder pensar, sem ao mesmo tempo trair o homem amado. Em termos políticos, Henri é condenável no momento que Simone de Beauvoir escreve: "Fraco, indeciso, pessimista, assim como os poetas". Entre o imperialismo americano e o comunismo soviético, ele constata, deprimido, o impasse da situação. A história não dá a mínima para as teorias, por mais ambiciosas e justas que possam ser, e já não tem qualquer respeito pelas utopias. Sessenta anos depois da publicação do romance, a posição complexa de Henri parece ser a mais lúcida de todas. Foi preciso esse exercício transgênero para Simone de Beauvoir dizer aquilo que sempre tinha buscado calar: sua intuição política era tão certeira que conseguiu atravessar décadas. Bastava encontrar um modo de se libertar da imposição do que era conveniente. Cabe a nós refletir sobre a lição aprendida: para escrever, a melhor alternativa é falar por meio de um personagem que ninguém poderá identificar como sendo nós mesmos.

Virginie Despentes (1969) é um dos nomes mais controversos do feminismo contemporâneo. Escritora e cineasta, venceu o Renaudot de 2010 pelo romance *Apocalypse Baby* e adaptou para o cinema seu livro de estreia, *Baise-moi*. É autora da trilogia *Vernon Subutex* e do ensaio autobiográfico *Teoria King Kong*, este publicado no Brasil pela n-1 edições.
Tradução de **Marília Garcia**

Em 1946, **Alberto Giacometti** (1901-1966) se dedicou a esculpir em bronze um busto de sua amiga Simone de Beauvoir. Os esboços que fez para a obra, aqui reunidos, constituem uma atração à parte. A filósofa se encantou pelo trabalho do escultor, a quem definiu como um homem "mais sólido que uma rocha e, ao mesmo tempo, mais livre que um elfo".

Raiva e ternura

Adrienne Rich

Apesar de não mencionada nas histórias de conquista e servidão, a maternidade tem um passado e uma ideologia, é mais fundamental que o tribalismo ou o nacionalismo

Entender é sempre um movimento ascendente; é por isso que a compreensão deve sempre ser concreta. (Ninguém jamais sai da caverna, é removido de lá.)

SIMONE WEIL, *Cadernos*

ANOTAÇÃO NO MEU DIÁRIO, NOVEMBRO DE 1960
Meus filhos me causam o sofrimento mais delicado que já experimentei. É o sofrimento da ambivalência: a alternância fatal entre o ressentimento amargo e os nervos à flor da pele, a gratidão jubilosa e a ternura. Às vezes, diante dos meus sentimentos por esses pequenos seres inocentes, pareço, até para mim, um monstro de egoísmo e intolerância. Suas vozes desgastam meus nervos, suas necessidades constantes, acima de tudo a necessidade de simplicidade e paciência, me enchem de desespero por minhas falhas e também por meu destino, que é servir em uma função para a qual não sou adequada. E às vezes fico fraca de tanto conter a raiva. Às vezes sinto que só a morte vai nos libertar

Tatiana Blass
Sem título, 2019
© Tatiana Blass

1. Foi fácil usar o termo "mulher infértil", sem refletir, há 15 anos. Mas agora me parece um termo ao mesmo tempo tendencioso e sem sentido, baseado na visão de que a maternidade é a única definição positiva para uma mulher.

uns dos outros, e nessas horas invejo a mulher infértil[1] que pode se dar ao luxo de ter seus arrependimentos, mas leva uma vida de privacidade e liberdade.

E, no entanto, em outros momentos eu me derreto diante da sua beleza vulnerável, encantadora e quase irresistível – a capacidade que eles têm de continuar amando e confiando –, sua lealdade e decência e espontaneidade. *Eu os amo*. Mas é na imensidão e na inevitabilidade desse amor que reside o sofrimento.

ABRIL 1961

Um amor exultante pelos meus filhos me envolve de tempos em tempos e parece ser quase suficiente – o prazer estético que tenho com essas pequenas criaturas mutantes, a sensação de ser amada, apesar da dependência, também a sensação de não ser uma mãe completamente desnaturada e rabugenta – embora eu seja!

MAIO 1965

Sofrer com e por e contra um filho – maternalmente, egoisticamente, neuroticamente, às vezes com uma sensação de desamparo, às vezes com a ilusão de se tornar mais sábia –, mas sempre, em todo lugar, de corpo e alma, *com* aquela criança – porque aquela criança é um pedaço de você.

Debater-se em ondas de amor e de ódio, de inveja até mesmo da infância dos filhos; de esperança e medo pelo amadurecimento deles; de desejo de ser libertada da responsabilidade, atada a cada fibra do ser.

Aquela curiosa reação primitiva de proteção, a fera defendendo seu filhote, quando alguém o ataca ou o critica – e, no entanto, ninguém é mais dura com ele do que eu!

SETEMBRO 1965

Degradação da raiva. Raiva de uma criança. Como posso aprender a absorver a violência e expressar apenas o carinho? A exaustão pela raiva. Vitória da vontade, duramente conquistada – a muito custo!

MARÇO 1966

Talvez eu seja um monstro – uma antimulher –, uma coisa motivada e sem recurso aos confortos normais e atraentes do amor, da maternidade, da alegria com os outros...

Suposições não analisadas: primeiro, uma mãe "natural" é uma pessoa sem outra identidade anterior, alguém cuja maior satisfação é passar o dia inteiro com crianças pequenas, vivendo em um ritmo ajustado ao delas; o isolamento de mães e crianças juntas em casa deve ser considerado normal; o amor materno é, e deveria ser, quase literalmente abnegado; crianças e mães "causam" sofrimento umas às outras. Eu era assombrada pelo estereótipo da mãe cujo amor é "incondicional" e pelas imagens visuais e literárias da maternidade como uma identidade com propósito único. Se eu soubesse que existiam partes de mim que nunca seriam coerentes com essas imagens, não seriam essas partes então anormais, monstruosas? E como meu filho, agora com 21 anos, observou ao ler as passagens anteriores: "Você parecia sentir que tinha que nos amar o tempo todo. Mas não *existe* um relacionamento humano em que você ame a outra pessoa em todos os momentos." Sim, tentei explicar a ele, mas espera-se que as mulheres – especialmente as mães – amem desse modo.

Dos anos 1950 e início dos anos 1960, eu me lembro de um ciclo. Começava quando eu pegava um livro ou tentava escrever uma carta ou até mesmo quando estava ao telefone com alguém e minha voz revelava uma avidez, um impulso enérgico de solidariedade. O filho (ou os filhos) podia estar absorto em suas ocupações, em seu mundo de sonhos; mas assim que ele notava que eu estava escapando furtivamente para um mundo que não o incluía, vinha puxar minha mão, pedir ajuda, bater nas teclas da máquina de escrever. E naquele momento eu sentia que o desejo dele era fingimento, uma tentativa de me privar de viver até mesmo por 15 minutos como eu mesma. Minha raiva aumentava; eu sentia a futilidade de qualquer tentativa de me preservar, e também a desigualdade entre nós: minhas necessidades eram sempre medidas em relação às de uma criança, e sempre perdiam. Seria capaz de amar muito melhor, eu dizia a mim mesma, depois de uns 15 minutos de egoísmo, de paz, de distância dos meus filhos. Alguns minutos! Mas era como se um fio invisível entre nós pudesse esticar e se romper, provocando uma sensação de abandono inconsolável na criança, se eu me movesse – não apenas fisicamente, mas em espírito – para um território além de nossa restrita vida juntos. Era como se minha placenta se recusasse a dar oxigênio a ele. Como tantas outras mulheres, eu esperava com impaciência pelo momento em que o pai deles voltaria do trabalho, quando, por uma ou duas horas, o círculo desenhado ao redor da mãe e dos filhos se alargaria um pouco, e a intensidade entre nós se abrandaria, com a presença de outro adulto em casa.

Eu não entendia que esse círculo, esse campo magnético em que nós vivíamos, não era um fenômeno natural.

Intelectualmente, eu deveria saber disso. Mas, na época, quando me vi no papel de Mãe, de uma maneira carregada de emoção e intensamente tradicional, aquilo me parecia inevitável como as marés. E, por causa desse arranjo –

o microcosmo em que eu e meus filhos formávamos um núcleo emocional particular, e no qual (quando o tempo estava ruim ou alguém ficava doente) às vezes passávamos dias sem ver outro adulto exceto o pai deles –, *havia* uma necessidade autêntica nas demandas inventadas do meu filho quando eu parecia me afastar dele. Ele estava se assegurando de que a afeição, a ternura, a estabilidade e a solidez ainda estariam disponíveis para ele, na minha pessoa. Minha singularidade, o que me tornava única no mundo como *mãe dele* – talvez de modo mais tênue também como Mulher –, evocava uma necessidade mais vasta do que qualquer ser humano seria capaz de satisfazer, a não ser dando amor de modo contínuo e incondicional, do nascer ao pôr do sol, e com frequência no meio da noite.

2

Em 1975, passei uma tarde numa sala com um grupo de mulheres poetas, algumas das quais tinham filhos. Uma delas tinha levado os seus, e eles dormiam ou brincavam nos quartos ao lado. Nós falamos de poesia, e também de infanticídio, sobre o caso de uma mulher da cidade, mãe de oito crianças, que estava em depressão profunda desde o nascimento do terceiro filho, e que recentemente havia assassinado e decapitado seus dois mais novos no jardim de casa. Várias mulheres do grupo, sentindo uma conexão direta com o desespero dela, assinaram uma carta ao jornal local protestando pela forma com que o ato foi noticiado pela imprensa e tratado pelo sistema público de saúde mental. Cada uma das mulheres naquela sala que tinha filhos, cada uma das poetas, podia se identificar com ela. Nós falamos da raiva profunda que a história dela fez brotar em nós. Falamos dos momentos em que sentimos uma raiva assassina de nossos filhos, porque não havia mais em quem ou em que descontar aquela raiva. Falamos de modo às vezes hesitante, às vezes exaltado, às vezes amargamente espirituoso, sem floreios – a linguagem de mulheres que se reuniram para falar de seu próprio trabalho, a poesia, e acabaram descobrindo outra coisa em comum: uma raiva inaceitável, mas inegável. Na medida em que falávamos e escrevíamos, os tabus eram quebrados e as máscaras da maternidade começavam a cair.

Por séculos ninguém falou desses sentimentos. Eu me tornei mãe na América freudiana dos anos 1950, centrada na família e orientada para o consumo. Meu marido falava ansiosamente dos filhos que teríamos, meus sogros esperavam pelo nascimento do neto. Eu não tinha a menor ideia do que *eu* queria, do que *eu* podia, ou não, escolher. Só sabia que ter um filho era assumir completamente a vida adulta de mulher, provar para mim mesma que eu era "como as outras".

Ser "como as outras" tem sido um problema para mim. Desde os 13 ou 14 anos, sentia que apenas interpretava o papel de uma criatura feminina. Aos 16, meus dedos estavam quase o tempo todo manchados de tinta. O batom e os saltos altos eram disfarces difíceis de manejar. Em 1945, eu escrevia poesia a sério e sonhava ir para a Europa do pós-guerra como jornalista, dormir entre as ruínas das cidades bombardeadas, registrando o renascimento da civilização depois da derrota dos nazistas. Mas, como todas as outras garotas que conhecia, também passava horas tentando me maquiar com mais habilidade, ajeitando as costuras soltas das meias, falando de "garotos". Minha vida já tinha dois compartimentos diferentes. No entanto, a poesia e meus sonhos de viagens e autossuficiência pareciam mais reais para mim; como uma iniciante em ser "mulher de verdade", eu me sentia uma farsa. Ficava especialmente paralisada quando encontrava crianças pequenas. Acho que sentia que os homens podiam – e queriam – ser levados a pensar que eu era realmente "feminina"; mas suspeitava que o olhar de uma criança seria capaz de me atravessar como um tiro. Essa sensação de interpretar um papel despertava uma curiosa culpa, ainda que isso fosse necessário para minha sobrevivência.

Tenho uma memória muito nítida e marcante do dia seguinte ao meu casamento: eu estava varrendo o chão. Provavelmente o chão não precisava ser varrido; provavelmente eu apenas não tinha a menor ideia do que mais poderia fazer comigo. Mas, enquanto varria o chão, pensava: "Agora sou uma mulher. Isso é coisa de adulta, é o que as mulheres sempre fizeram." Sentia que estava me curvando a uma forma antiga, ancestral demais para ser questionada. É o que as mulheres sempre fizeram.

Assim que minha gravidez se tornou clara e visível, eu me senti, pela primeira vez desde a adolescência e o início da vida adulta, livre de qualquer culpa. A atmosfera de aprovação em que me via envolvida – até mesmo por estranhos, me parecia – era como uma aura que me acompanhava, na qual as dúvidas, os medos e as preocupações eram recebidos com negação absoluta. *Isto é o que as mulheres sempre fizeram.*

Dois dias antes de meu filho mais velho nascer, tive uma urticária que foi diagnosticada equivocadamente como sarampo, e fui internada em um hospital para doenças contagiosas para aguardar o trabalho de parto. Pela primeira vez, tive consciência de sentir medo e culpa em relação a meu filho ainda não nascido, por meu corpo "falhar" com ele dessa maneira. Nos quartos próximos ao meu havia pacientes com pólio; ninguém podia entrar no meu quarto a menos que usasse traje hospitalar e máscara. Se durante a gravidez eu me sentia vagamente no controle da minha situação, agora me sentia totalmente dependente do meu obstetra, um homem enorme, vigoroso, paternal, transbordando otimismo e segurança, e dado a beliscar minhas bochechas. Minha gravidez havia sido saudável, mas era como se eu a tivesse vivido sedada ou sonâmbula. Tive aulas de costura nas quais fiz uma roupa feia e mal cortada para usar na maternidade (mas nunca a usei), fiz cortinas para o quarto do bebê, colecionei roupinhas, me esqueci o quanto pude da mulher que havia sido até uns meses antes. Meu segundo livro de poemas estava na gráfica, mas eu tinha parado de escrever poesia, e lia pouco, a não ser revistas para donas de casa e livros sobre cuidados com o bebê. Era como se o mundo me visse simplesmente como uma mulher grávida, e parecia mais fácil, menos perturbador, me ver assim. Depois do nascimento do meu filho, o "sarampo" foi diagnosticado como uma reação alérgica à gravidez.

Em apenas dois anos, eu estava grávida de novo, e escrevi num caderno:

NOVEMBRO 1956
Se é a lassidão extrema do início da gravidez ou algo mais fundamental, eu não sei: mas ultimamente, em relação à poesia – seja lendo ou escrevendo –, não sinto nada além de tédio e indiferença. Especialmente a respeito da minha poesia e da dos meus contemporâneos imediatos. Quando recebo cartas pedindo manuscritos, ou quando alguém alude à minha "carreira", sinto um desejo intenso de rejeitar toda responsabilidade e interesse por aquela pessoa que escreve – ou que escrevia.

Se vai acontecer uma verdadeira ruptura na minha vida de escritora, este é um momento tão bom quanto qualquer outro. Ando insatisfeita comigo, com meu trabalho, há muito tempo.

Meu marido era um homem sensível, afetuoso, que queria ter filhos e que – o que era incomum no mundo profissional acadêmico dos anos 1950 – estava disposto a "ajudar". Mas entendíamos claramente que essa "ajuda" era um ato de generosidade; que *sua* obra, *sua* vida profissional eram o verdadeiro trabalho dele na família; de fato, durante anos isso nem sequer foi uma questão entre nós. Eu entendia que minhas lutas como escritora eram um tipo de luxo, uma peculiaridade minha; meu trabalho quase não rendia dinheiro: ou ainda, ele me custava dinheiro quando eu contratava uma diarista para poder escrever por algumas horas durante a semana. "Tudo que peço ele tenta me dar", escrevi em março de 1958, "mas sempre preciso tomar a iniciativa." Eu sentia que minhas depressões, as explosões de raiva e a sensação de aprisionamento eram como fardos que meu marido se sentia obrigado a carregar porque me amava; eu me sentia agradecida por ser amada apesar de lhe trazer esses fardos.

No entanto, estava lutando para colocar minha vida em foco. Nunca desisti realmente da poesia, nem de ter algum controle sobre minha existência. A vida no quintal de um prédio de Cambridge fervilhando de crianças alvoroçadas, os ciclos repetitivos de lavagem de roupas, a necessidade de acordar no meio da noite, as interrupções de meus momentos de paz ou de envolvimento com ideias, os ridículos jantares festivos nos quais as jovens esposas, algumas com pós-graduação, todas dedicadas de modo sério e inteligente ao

bem-estar de seus filhos e às carreiras de seus maridos, tentando reproduzir as amenidades da elite de Boston em meio a receitas francesas e falsa espontaneidade – sobretudo a falta de seriedade com que as mulheres eram vistas naquele mundo –, tudo isso desafiava a compreensão naquela época, mas eu *sabia* que precisava refazer minha própria vida. Eu não entendia que nós – as mulheres da comunidade acadêmica – assim como em várias comunidades de classe média naquele período – encarávamos a expectativa de desempenhar tanto o papel da Mulher de Vida Fácil, de Anjo da Casa, quanto a combinação vitoriana de cozinheira, copeira, lavadeira, governanta e babá. Eu só sentia que falsas distrações me drenavam, e queria desesperadamente libertar minha vida do que não era essencial.

JUNHO 1958

Nestes meses me vi num emaranhado de irritações que se enroscaram até virar raiva: amargura, desilusão com a sociedade e comigo mesma; brigando com o mundo, rejeitando tudo completamente. Qual é o saldo positivo, se é que houve? Talvez a tentativa de refazer minha vida, de salvá-la da mera deriva e da passagem do tempo...

O trabalho que tenho pela frente é sério e difícil, e nem sequer tenho certeza de como devo planejá-lo. Disciplina da mente e do espírito, originalidade, uma existência diária organizada, o funcionamento mais eficaz do ser humano – essas são minhas principais metas. Até agora só consegui começar a perder menos tempo. O que tem um pouco a ver com rejeitar tudo.

Por volta de julho de 1958, eu estava grávida mais uma vez. A vida do meu terceiro – e, como determinei, último – filho foi uma espécie de virada para mim. Eu tinha aprendido que meu corpo não estava sob meu controle; gerar um terceiro filho não tinha sido minha intenção. Sabia agora, muito mais do que antes, o que outra gravidez, outra criança, significava para o corpo e para o espírito. Contudo, não pensei em fazer um aborto. De certa forma, meu terceiro filho foi uma escolha mais ativa do que seus irmãos; no momento que soube que estava grávida dele, eu não estava mais em estado de sonambulismo.

AGOSTO 1958 (VERMONT)

Escrevo isso enquanto os primeiros raios de sol iluminam as colinas e as nossas janelas. Levantei-me [com o bebê] às 5h30 e o amamentei e tomei café da manhã. Esta é uma das raras manhãs em que não sinto uma depressão mental e uma exaustão física terríveis.

[...] Preciso admitir para mim mesma que não teria escolhido ter mais filhos, que estava começando a contemplar um momento, não muito distante, em que poderia ser livre novamente, sem todo esse cansaço físico, buscando uma vida mais ou menos intelectual e criativa. [...] O único jeito como posso me desenvolver agora é com um trabalho ainda mais duro, contínuo e conectado do que minha vida atual permite. Outro filho significa adiar isso por mais alguns anos – e, na minha idade, alguns anos são significativos, não devem ser descartados levianamente.

Mesmo assim, de alguma forma, alguma coisa, a Natureza ou aquele fatalismo afirmativo da criatura humana, me torna consciente de que o inevitável já faz parte de mim, algo que não deve ser combatido e sim usado como mais uma arma contra a deriva, a estagnação e a morte espiritual. (Pois é realmente a morte que eu temo – o esfacelamento até a morte desta fisionomia mal nascida que tenho lutado a vida inteira para dar à luz – um indivíduo autônomo e reconhecível, uma criação na poesia e na vida.)

Se for necessário, farei mais esforço. Se tiver que enfrentar mais desespero, acho que posso antevê-lo e sobreviver a ele.

Enquanto isso, para nossa surpresa e curiosidade, recebemos com alegria o nascimento de nosso terceiro filho.

Eu tinha, é claro, reservas econômicas e espirituais que me permitiam pensar no nascimento de um terceiro filho não como minha sentença de morte, mas como "mais uma arma contra a morte". Meu corpo, apesar dos atuais sinais de artrite, estava saudável, tive um bom atendimento pré-natal; nós não estamos à beira da desnutrição; sabia que todos os meus filhos teriam comida, roupas, respirariam ar fresco; na verdade, não me ocorreu que pudesse ser de outro jeito. Mas, noutro sentido, além daquela reserva física, eu sabia que estava lutando pela minha vida com a vida dos meus filhos, por meio delas e contra elas, apesar de pouco mais do que isso estar claro para mim. Eu vinha tentando dar à luz a mim mesma; de alguma forma penosa e obscura, estava determinada a usar até mesmo a gravidez e o trabalho de parto nesse processo.

Antes de o meu terceiro filho nascer, decidi não ter mais filhos, ser esterilizada. (Nada é removido do corpo da mulher durante a operação; a ovulação e a menstruação continuam, embora a linguagem sugira que sua feminilidade essencial é cortada, ou queimada, assim como a palavra "estéril" sugere uma mulher eternamente vazia a quem falta algo.) Meu marido, embora apoiasse minha decisão, perguntou se isso não faria com que me sentisse "menos feminina". Para fazer a cirurgia, eu tinha que apresentar uma carta ao comitê de médicos que aprovavam o procedimento, assinada também pelo meu marido, garantindo que já tinha concebido três filhos e declarando minhas razões para não ter mais nenhum. Como sofria de artrite reumatoide havia alguns anos, pude dar um motivo aceitável para o júri masculino que analisava meu caso; minha vontade, por si só, não seria aceitável. Quando acordei da operação, 24 horas depois do nascimento do meu filho, uma jovem enfermeira olhou meu prontuário e comentou friamente: "Ligou as trompas, é?".

A primeira grande defensora do controle de natalidade, Margaret Sanger, destacava que, das centenas de mulheres que escreviam para ela pedindo informações sobre contracepção no início do século 20, todas diziam querer ter força e saúde para serem mães melhores para os filhos que já tinham; ou trocar carinhos com seus maridos sem o pavor de engravidar. Nenhuma estava recusando totalmente a maternidade, ou querendo uma vida fácil. Essas mulheres – a maioria pobre, muitas ainda com menos de 20 anos, todas com vários filhos – simplesmente sentiam que não conseguiam mais fazer o "certo" pelas suas famílias, a quem elas esperavam continuar educando e servindo. Contudo sempre existiu, e ainda existe, um medo intenso da possibilidade de as mulheres terem a palavra final sobre como seus corpos serão usados. É como se o sofrimento da mãe e a identificação primordial da mulher *como* mãe fossem tão necessários para os fundamentos emocionais da sociedade humana ao ponto de o alívio ou a eliminação desse sofrimento e dessa identificação tivessem que ser combatidos em todos os níveis de todas as formas, inclusive por meio da recusa total a questionar isso.

3

"*Vous travaillez pour l'armée, madame?*" [Você está trabalhando para o exército, senhora?], me perguntou, uma moça francesa no início da Guerra do Vietnã, ao saber que eu tinha três filhos.

ABRIL 1965
Raiva, exaustão, desmoralização. Crises de choro repentinas. Uma sensação de ser insuficiente para este momento e pela eternidade...

Paralisada pela sensação de que existe uma teia de relações, por exemplo, entre minha rejeição e a raiva [de meu filho mais velho], minha vida sensual, o pacifismo, o sexo (no sentido mais amplo, não apenas o desejo físico) – uma interconexão que, se eu pudesse vê-la e torná-la válida, me devolveria a mim mesma e me permitiria funcionar com lucidez e paixão –, mas eu me debato tentando me desvencilhar dessas teias sombrias.

Eu choro, e choro, e a sensação de impotência se espalha pelo meu ser feito um câncer.

AGOSTO 1965, 3H30 DA MANHÃ
Necessidade de uma disciplina mais firme em minha vida.

Reconhecer que a raiva cega é inútil.

Limitar a sociedade.

Usar melhor o horário em que as crianças estão na escola para o trabalho e a solidão.

Recusar-me a ser distraída pelo meu próprio estilo de vida.

Menos desperdício.

Ser mais dura, muito mais, com os poemas.

De vez em quando alguém me perguntava: "Você nunca escreve poemas sobre seus filhos?". Os poetas homens da minha geração escrevem poemas sobre os filhos – especialmente sobre as filhas. Para mim, a poesia era onde eu vivia sem ser a mãe de alguém, onde existia como eu mesma.

Para mim, os bons e os maus momentos são inseparáveis. Lembro das vezes em que, amamentando cada um dos meus filhos, seus olhos se abriam totalmente e buscavam os meus, e eu sentia que estávamos ligados um ao outro, não apenas pela boca e o seio, mas pelo olhar mútuo: a profundidade, a calma, a paixão daquele olhar azul-escuro, maduro, focado. Lembro do prazer de ter meus seios cheios de leite sugados, num período em que eu não tinha outro prazer físico na vida a não ser o prazer culpado de comer compulsivamente. Lembro desde o começo da sensação de conflito, de uma batalha que nenhum de nós tinha escolhido, de ser uma observadora que, querendo ou não, também era parte dessa competição infinita de vontades. Para mim, era isso o que significava ter três filhos com menos de sete anos. Mas também lembro do corpo de cada filho, de como eram macios, graciosos, flexíveis, esbeltos, a beleza dos meninos pequenos a quem ainda não ensinaram que o corpo masculino deve ser rígido. Lembro dos momentos de paz, quando por alguma razão era possível ir ao banheiro sozinha. Lembro de ser arrancada de um sono já escasso para cuidar de um pesadelo infantil, ajeitar um cobertor, esquentar uma mamadeira, levar uma criança meio adormecida ao banheiro. Lembro de voltar para a cama totalmente desperta, fragilizada, com raiva, sabendo que o sono interrompido faria do meu dia seguinte um inferno, que haveria mais pesadelos, mais necessidade de consolo, porque, exausta, eu me enfureceria com as crianças por razões que elas não entenderiam. Lembro de pensar que jamais sonharia outra vez (o inconsciente de uma jovem mãe – como ele envia suas mensagens, se o sono profundo o bastante para sonhar é negado a ela por tantos anos?).

Por muitos anos eu me encolhia só de pensar na primeira década de vida dos meus filhos. Nas fotografias da época, vejo uma jovem sorridente, usando roupas de maternidade ou curvada sobre um bebê meio nu; aos poucos ela para de sorrir, apresenta um olhar distante, meio melancólico, como se estivesse escutando alguma coisa. Com o tempo meus filhos cresceram, comecei a mudar minha vida, passamos a conversar como iguais. Vivemos juntos o fim

2. Alfred H. Conrad, marido de Rich e pai de seus filhos, se suicidou em 1970. [N. da T.]

do meu casamento, o suicídio do pai deles.[2] Viramos sobreviventes, quatro pessoas diferentes conectadas por laços fortes. Porque sempre tentei dizer a verdade a eles, porque cada vez que um deles ficava independente significava uma nova liberdade para mim, porque confiávamos uns nos outros mesmo quando queríamos coisas diferentes, eles se tornaram, ainda muito jovens, autoconfiantes e abertos à diferença. Algo me dizia que, se eles tinham sobrevivido à minha raiva, à minha autocrítica, e ainda confiavam no meu amor e no amor que tinham uns pelos outros, então eles eram fortes. A vida deles nunca foi nem será fácil; mas a própria existência deles me parece uma dádiva, sua vitalidade, humor, inteligência, gentileza, amor pela vida, o curso da vida de cada um deles que, aqui e ali, deságua na minha. Não sei como atravessamos a infância conflituosa deles e a minha maternidade conflituosa para chegar a um ponto em que reconhecemos a nós mesmos e uns aos outros. Provavelmente o reconhecimento mútuo, encoberto pelas circunstâncias da sociedade e da tradição, sempre esteve lá, desde o primeiro olhar entre a mãe e o filho no peito. Mas sei que, durante anos, acreditei que não deveria jamais ter sido a mãe de alguém e que, só por sentir intensamente minhas próprias necessidades e expressá-las com frequência de forma violenta, eu era Kali, Medeia, a porca que devora os próprios filhotes, uma mulher desnaturada fugindo da feminilidade, um monstro nietzschiano. Mesmo hoje, relendo diários antigos, recordando, sinto mágoa e raiva; mas não de mim ou de meus filhos. Mágoa por ter me desperdiçado naqueles anos, raiva pela mutilação e manipulação do relacionamento entre mãe e filho, que é a grande fonte e experiência do amor.

Em um dia de início de primavera nos anos 1970, encontrei uma jovem amiga na rua. Ela levava uma criança pequena junto ao peito, em um *sling* novo de algodão; o rostinho pressionado contra sua blusa, a mãozinha agarrada a um pedaço do tecido. "Quanto tempo ela tem?", perguntei. "Só duas semanas", a mãe me contou. Surpreendi em mim um desejo apaixonado de ter, mais uma vez, um novo ser agarrado ao meu corpo. O lugar do bebê é ali, aninhado, suspenso e adormecido entre os seios da mãe, assim como ficava aninhado no útero. A jovem mãe – que já tinha um filho de três anos – falou sobre como esquecemos rápido o prazer de ter essa criatura nova, imaculada, perfeita. Eu me despedi dela mergulhada em lembranças, com inveja. Contudo, sei de outras coisas: que a vida dela não é nem de longe fácil; ela é uma matemática que hoje tem dois filhos com menos de quatro anos; vive agora sob o ritmo de outras vidas – não apenas o choro regular do recém-nascido, mas as necessidades do de três anos, os problemas do marido. No prédio onde moro, mulheres ainda criam os filhos sozinhas, vivendo um dia depois do outro confinadas em seus núcleos familiares, lavando roupa, acompanhando os triciclos no parque, esperando os maridos voltarem para casa. Há uma piscina para bebês e uma sala de jogos para crianças, os jovens pais empurram os carrinhos de bebê nos finais de semana, mas a criação dos filhos ainda é responsabilidade exclusiva de cada mulher. Invejo a sensualidade de ter um bebê de duas semanas enrodilhado contra o peito; não invejo a confusão do elevador cheio de crianças pequenas, bebês berrando na lavanderia, o apartamento onde, durante o inverno, crianças de cinco, sete e oito anos ficam trancadas com apenas um adulto a quem recorrer para resolver frustrações e inseguranças e dar estabilidade a suas vidas.

4

No entanto, alguns dirão que essa é a condição humana, essa interseção de dor e prazer, frustração e realização. Posso ter dito a mesma coisa para mim mesma, há 15 ou 18 anos. Mas a instituição patriarcal da maternidade não é a "condição humana", assim como o estupro, a prostituição e a escravidão não o são. (Aqueles que falam muito da condição humana geralmente estão dispensados dessas opressões – sejam elas de gênero, raça ou servidão.)

A maternidade – não mencionada nas histórias de conquista e servidão, guerras e tratados, exploração e imperialismo – tem uma história, tem uma ideologia, é mais fundamental que o tribalismo ou o nacionalismo. Minhas dores como mãe, aparentemente particulares, as dores aparentemente particulares das mães ao meu redor e das que me antecederam, de qualquer classe ou cor, a regulação da capacidade reprodutiva da mulher pelos homens em todo sistema totalitário e toda revolução socialista, o controle legal e técnico dos homens sobre a contracepção, a fertilidade, o aborto, a obstetrícia, a ginecologia e os experimentos de reprodução extrauterina – tudo isso é essencial ao sistema patriarcal, assim como a visão negativa ou suspeita de mulheres que não são mães.

Na mitologia, no simbolismo dos sonhos, na teologia e na linguagem patriarcais, duas ideias andam lado a lado. Uma diz que o corpo da mulher é impuro, corrupto, lugar de secreções e sangramentos, perigoso para a masculinidade, fonte de contaminação moral e física, "o portão do diabo". Por outro lado, a mãe é a mulher benfazeja, sagrada, pura, assexuada, protetora; e o potencial

físico para a maternidade – daquele mesmo corpo com seus sangramentos e mistérios – é seu único destino e justificativa na vida. Essas duas ideias foram profundamente internalizadas pelas mulheres, mesmo as mais independentes de nós, aquelas que parecem levar a vida mais livres.

Para sustentar duas ideias como essas, cada uma com sua pureza contraditória, a imaginação masculina teve que, para nos ver, dividir as mulheres e nos forçar a nos vermos, como polarizadas entre boas ou más, férteis ou estéreis, puras ou impuras. A esposa vitoriana, angelical e assexuada, e a prostituta vitoriana foram instituições criadas por esse pensamento duplo, que não tinha nada a ver com a verdadeira sensualidade das mulheres e tudo a ver com a experiência subjetiva dos homens com as mulheres. A conveniência política e econômica desse tipo de pensamento se mostra de forma mais desavergonhada e dramática onde o racismo e o machismo se tornam uma coisa só. O historiador A.W. Calhoun descreve como os brancos donos de terras encorajavam os filhos a estuprar mulheres negras, num esforço deliberado de produzir mais escravos mestiços, pois a pele clara era considerada mais valiosa. Ele cita dois escritores de meados do século 19 sobre a questão das mulheres:

> A parte mais pesada do fardo racial branco na escravidão era a mulher africana com fortes instintos sexuais, e sem escrúpulos sexuais, na porta do homem branco, na casa do homem branco. [...] Sob a instituição da escravidão, o ataque contra a integridade da civilização branca acontecia por influência insidiosa da lasciva mulher mestiça no ponto de menor resistência. Na pureza inflexível da mãe e esposa branca de classe alta repousa a garantia da pureza futura da raça.

A maternidade criada pelo estupro não é apenas degradante; a mulher estuprada é retratada como criminosa, a *agressora*. Mas quem trouxe a mulher negra até a porta do homem branco, cuja falta de escrúpulos sexuais produziu crianças mestiças financeiramente lucrativas? Por acaso é questionado se a "pura" mãe e esposa branca também foi estuprada pelo dono de terras branco, uma vez que se pressupõe que ela não tem "forte instinto sexual"? No sul dos Estados Unidos, como em qualquer outro lugar, produzir crianças era uma necessidade econômica; as mães, negras e brancas, eram meios para esse fim.

Nem a mulher "pura" nem a "lasciva", nem a conhecida como sinhá nem a mulher escravizada, nem a mulher louvada por se limitar a ser um animal reprodutor nem a mulher menosprezada e penalizada como "solteirona" ou "sapatão" tinham qualquer autonomia ou independência para vencer essa subversão do corpo da mulher (e portanto da mente da mulher). No entanto, como as vantagens a curto prazo são frequentemente as únicas visíveis para aqueles que não têm poder, nós também tivemos nossa participação na continuidade dessa subversão.

5

A maior parte da literatura sobre cuidados com bebês e psicologia infantil presume que o processo de formação do indivíduo é vivido essencialmente pela *criança*, com e contra um dos pais ou ambos, que para o bem ou para o mal estão envolvidos. Nada poderia ter me preparado para a percepção de que eu *era* uma mãe, uma daquelas envolvidas, quando sentia que eu mesma ainda não estava completamente criada. Aquela mulher calma, segura e coerente que virava as páginas dos manuais que eu lia parecia tão diferente de mim quanto um astronauta. Sem dúvida, nada poderia me preparar para a intensidade do relacionamento que já existia com uma criatura que carreguei em meu corpo e agora segurava em meus braços e alimentava em meus seios. Ao longo da gravidez e nos primeiros dias cuidando do bebê, as mulheres me aconselhavam a relaxar, a imitar a serenidade das madonas. Ninguém mencionava a crise psicológica de dar à luz o primeiro filho, a agitação de sentimentos recalcados em relação à minha mãe, a sensação confusa de poder e de impotência, de, por um lado, ser dominada e, por outro, entrar em contato com novas possibilidades físicas e psicológicas no outro, uma sensibilidade acentuada que pode ser empolgante, desnorteante e exaustiva. Ninguém menciona a estranheza da atração – que pode ser tão obcecada e incontrolável quanto os primeiros dias de uma relação amorosa – por um ser tão pequeno, tão dependente, tão apegado – que é, mas não é, parte de você.

Desde o início, a mãe que cuida do bebê está envolvida em um diálogo que muda continuamente, cristalizado em momentos como quando, ao ouvir o filho chorar, ela sente o leite fluindo para os seios; quando, com o início da amamentação, o útero começa a se contrair e a voltar ao tamanho normal; e quando, mais tarde, o contato da boca do bebê com o mamilo cria ondas de sensualidade no ventre onde ele antes esteve; ou quando, sentindo o cheiro do peito, o bebê, mesmo adormecido, começa a tatear em busca do mamilo.

O bebê começa a ter noção da própria existência a partir dos gestos e expressões da mãe para ele. É como se, nos olhos da mãe, em seu sorriso, no carinho de seu toque, a criança recebesse pela primeira vez a mensagem: *você está aqui!* E a mãe também está, novamente, descobrindo sua própria existência. Ela está ligada a esse outro ser pelo mais mundano e invisível dos fios, de uma forma com que não pode se ligar a mais ninguém, exceto no passado profundo de sua conexão infantil com a própria mãe. E ela também precisa saber se desvencilhar dessa intensidade entre duas pessoas para chegar a uma nova percepção, ou a uma reafirmação, sobre o que significa ser ela mesma.

A amamentação, assim como o sexo, pode ser tensa, fisicamente dolorosa, carregada de sentimentos culturais de inadequação e culpa; ou, assim como o sexo, ela pode ser fisicamente deliciosa, cheia de uma sensualidade terna.

Mas, assim como os amantes precisam se separar depois do sexo e voltar a ser indivíduos, a mãe precisa fazer o desmame para o filho e também para si mesma. A psicologia da educação infantil enfatiza a necessidade de "deixar a criança se desapegar", pelo bem dela. Mas a mãe precisa se desapegar tanto quanto ou até mais do que a criança.

Nesse sentido de um relacionamento intenso e recíproco com uma ou mais crianças em particular, a maternidade é *uma parte* do processo de ser mulher; não é sua identidade o tempo inteiro. A dona de casa de quarenta e poucos anos pode brincar dizendo "sinto como se tivesse acabado de sair do trabalho". Mas, aos olhos da sociedade, uma vez que nos tornamos mães, o que somos se não mães em tempo integral? O processo de "desapego" – ao longo do qual ficamos carregadas de culpa se não conseguimos realizá-lo – é um ato de revolta contra a corrente da cultura patriarcal. Mas não é o suficiente nos desapegarmos de nossos filhos; nós precisamos de identidades próprias para as quais voltar.

Dar à luz e criar uma criança é o que o patriarcado une com a fisiologia para formar a definição de feminilidade. Mas também pode significar experimentar o próprio corpo e as emoções de modo poderoso. Vivemos não apenas as mudanças físicas, carnais, mas o sentimento de mudança de caráter. Aprendemos, geralmente por meio de uma disciplina dolorosa, aquelas qualidades que supostamente deveriam ser "inatas" para nós: paciência, abnegação, disposição de repetir indefinidamente a rotina de tarefas para socializar um ser humano. Geralmente, para nossa surpresa, também somos inundadas por sentimentos de amor e violência mais intensos e selvagens do que conhecíamos. (Uma pacifista famosa, que também é mãe, disse recentemente num evento: "Se alguém encostasse a mão no meu filho, eu o mataria".)

Essas experiências e outras similares não são facilmente postas de lado. Não surpreende que mulheres que enfrentaram as demandas incessantes da criação dos filhos tenham dificuldade de reconhecer a crescente independência deles; ainda sentem que são requisitadas, que precisam estar em casa, alertas, com os ouvidos sempre sintonizados para qualquer emergência. Filhos crescem, não numa curva ascendente suave, mas de modo irregular; suas necessidades são inconstantes como o clima. As "normas" culturais são maravilhosamente incapazes de definir, em uma criança de oito ou dez anos, qual gênero ele/ela irá assumir num determinado momento, ou como ele/ela vai lidar com uma emergência, com a solidão, a dor, a fome. Ficamos conscientes de que a existência humana é tudo, menos linear, muito antes do labirinto da puberdade; porque um ser humano de seis anos já é um ser humano.

Em uma cultura feudal ou tribal, uma criança de seis anos teria sérias obrigações; as nossas não têm nenhuma. Mas também não se acredita que a mulher que está em casa com os filhos tenha um trabalho sério; ela estaria apenas seguindo o instinto materno, fazendo as tarefas que os homens nunca assumem, totalmente alheia ao significado do que ela faz. Então a criança e

3. 1986: A obra da psicoterapeuta Alice Miller me fez refletir mais sobre esse material. Miller identifica a "crueldade oculta" na educação infantil como uma repetição da "pedagogia venenosa" infligida pelos pais da geração anterior e como a preparação do solo em que a obediência ao autoritarismo e ao fascismo se enraíza. Ela observa que "existe um tabu que resiste a todos os esforços recentes de desmistificação: a idealização do amor materno" (*O drama da criança bem-dotada – Como pais podem formar (e deformar) a vida emocional dos filhos*. São Paulo: Summus, 1979). Sua obra analisa os danos que a idealização (de ambos os pais, mas especialmente da mãe) sobre a criança a impede de nomear e se queixar de seu sofrimento, o que coloca pais e filhos em lados opostos. Miller destaca: "Eu não posso ouvir minha filha com empatia se no íntimo estou preocupada em ser uma boa mãe; não posso estar aberta ao que ela está me dizendo" (*For Your Own Good: Hidden Cruelty in Child Rearing and the Root of Violence*. Nova York: Farrar, Straus & Giroux, 1983, p. 258). Miller explora as fontes do que passou a ser definido como abuso infantil – isto é, violência física e punições sádicas –, mas ela se preocupa igualmente com a "violência gentil" na criação de filhos, incluindo aquelas prescrições "autoritárias" ou alternativas, baseadas na negação ou na restrição da vitalidade e dos sentimentos da criança. Miller não considera a predominância das mulheres como principais cuidadoras, o investimento dos sistemas autoritários e fascistas em perpetuar o controle masculino da sexualidade e dos direitos reprodutivos das mulheres, ou as *diferenças* estruturais entre o pai e a mãe como pais. Ela reconhece que, nos Estados Unidos, as mulheres, em especial, "descobriram o poder de seu conhecimento. Elas não se esquivam de apontar a natureza venenosa da informação falsa, ainda que ela tenha sido bem escondida por milênios sob rótulos sacrossantos e bem-intencionados" (*For Your Own Good*, p. XII).

a mãe são igualmente depreciadas, porque apenas homens adultos e mulheres com trabalho remunerado são considerados "produtivos".

As relações de poder entre mãe e filho com frequência são um simples reflexo das relações de poder na sociedade patriarcal: é difícil distinguir "você vai fazer isso porque eu sei o que é bom para você" de "você vai fazer isso porque posso te *obrigar*". Mulheres sem poder sempre usaram a maternidade como um canal – estreito, mas profundo – para seu desejo humano de poder, sua necessidade de devolver ao mundo o que foi imposto a elas. A criança arrastada pelo braço para tomar banho, a criança coagida, ridicularizada e subornada para aceitar "mais uma colherada" de uma comida que detesta é mais do que uma criança que deve ser criada de acordo com as tradições culturais da "boa maternidade". Ele/ela é um pedaço da realidade, do mundo, que pode ser controlado, ou até modificado, por uma mulher restrita a decidir apenas sobre materiais inertes como poeira e comida.[3]

6

Quando tento retornar ao corpo de uma jovem de 26 anos, grávida pela primeira vez, que fugiu do conhecimento físico de sua gravidez e, ao mesmo tempo, de seu intelecto e sua vocação, percebo que fui de fato alienada de meu verdadeiro corpo e de meu verdadeiro espírito pela instituição – não pela realidade – da maternidade. Essa instituição – o fundamento da sociedade humana como a conhecemos – me permitiu apenas algumas opiniões, determinadas expectativas, desde que estivessem materializadas no livrinho na sala de espera do meu obstetra, nos romances que eu lia, na aprovação da minha sogra, nas lembranças da minha mãe, na Madonna da Capela Sistina ou na Pietá de Michelangelo, na noção flutuante de que uma mulher grávida é uma mulher calma e plena ou, simplesmente, uma mulher à espera. Mulheres sempre foram vistas como quem espera: esperando que lhe peçam algo, esperando nossas menstruações, com medo de que elas venham ou não, esperando homens voltarem para

casa da guerra ou do trabalho, esperando as crianças crescerem ou o nascimento de um novo filho ou a menopausa.

Em minha gravidez, lidei com essa espera, essa sina feminina, negando toda característica ativa e poderosa de mim mesma. Eu me dissociei ao mesmo tempo da minha experiência corporal imediata e da minha vida de leituras, reflexão e escrita. Como uma viajante em um aeroporto com o voo atrasado há muitas horas, folheando uma revista que nunca leria numa situação normal, com anúncios baseados em pesquisas de mercado que não lhe interessam, eu assumia uma serenidade exterior e um profundo tédio interior. Se o tédio é apenas uma máscara para a ansiedade, aprendi, como mulher, que estar imensamente entediada era preferível a examinar a ansiedade subjacente à minha tranquilidade digna da Capela Sistina. No final, meu corpo, enfim sincero, mandou a conta: tive alergia à gravidez.

Passei a acreditar que a biologia das mulheres – a difusa e intensa sensualidade que irradia de nossos clitóris, seios, úteros, vaginas; o ciclo lunar da menstruação; a gestação e a fruição da vida que pode ser realizada pelo corpo da mulher – tem implicações bem mais radicais do que conseguimos apreciar até agora. O pensamento patriarcal confinou a biologia feminina aos limites estreitos de suas próprias especificações. Por essas razões, a visão feminista rejeita a biologia feminina; acredito que ela ainda vai reconhecer nossa fisicalidade como um recurso, em vez de um destino. Para termos uma vida humana completa, não precisamos de *controle* sobre nossos corpos (embora o controle seja um pré-requisito); temos que entrar em contato com a unidade e a ressonância de nossa fisicalidade, nossa ligação com a ordem natural, o fundamento corporal de nossa inteligência.

A inveja, o receio e o pavor que os homens, ontem e hoje, sentem da capacidade das mulheres de criar vida têm repetidamente assumido a forma de ódio por todos os aspectos da criatividade feminina. Não apenas disseram às mulheres que se restringissem à maternidade, mas nos disseram que nossas criações intelectuais e estéticas eram inapropriadas, inconsequentes ou escandalosas, uma tentativa de se tornar "como os homens" ou escapar das "verdadeiras" tarefas da vida adulta das mulheres: casar e ter filhos. "Pensar como um homem" tornou-se simultaneamente um elogio e uma prisão para a mulher que tenta escapar da armadilha do corpo. Não surpreende que tantas mulheres criativas e intelectuais insistem que são antes "seres humanos" e mulheres apenas por acaso, minimizando sua fisicalidade e seus laços com outras mulheres. O corpo tem sido tão problemático para as mulheres que, com frequência, parece mais fácil tratá-lo com indiferença e viajar como um espírito incorpóreo.

No entanto, essa reação contra o corpo agora chega a uma síntese com novos questionamentos quanto ao verdadeiro – em oposição ao culturalmente desvirtuado – poder inerente da biologia feminina, seja qual for o uso que façamos dele, de modo algum limitado pela função materna.

Minha história é só uma história. O que me levou até o fim foi a determinação de curar – até onde qualquer mulher consegue fazê-lo sozinha, e, na medida do possível, junto de outras mulheres – a separação entre corpo e mente; nunca mais me perder psíquica e fisicamente daquela forma. De maneira lenta, compreendi o paradoxo contido na "minha" experiência da maternidade; que, embora diferente das experiências de muitas outras mulheres, ela não era única; que apenas destruindo a ilusão da minha singularidade eu poderia ter esperança, como mulher, de levar uma vida autêntica.

A poeta e ativista **Adrienne Rich** (1912-2012) é um dos nomes mais influentes do movimento feminista americano, com forte atuação na vida literária e acadêmica do país entre as décadas de 1950 e 2010. Publicou mais de 30 coletâneas de poemas e ensaios, só pontualmente traduzidos no Brasil. Dentre estes, destaca-se *Que tempos são esses* (Jabuticaba). Este ensaio é parte de *Of Woman Born: Motherhood as Experience and Institution*, lançado em 1976, e foi incluído na recente antologia *Essential Essays* (2018), que repassa a obra de não ficção de Rich.
Tradução de **Stephanie Borges**

A paulistana **Tatiana Blass** (1979) realiza desde 1998 trabalhos em pintura, escultura, instalações e vídeos. Em 2011, recebeu o Prêmio PIPA de júri e público.

Três

Talvez existam no mundo mais trios do que pares, embora na maioria dos casos um dos envolvidos não saiba

Gabriela Wiener

Antonio Seguí
Synchronization, 1966
Litografia
© Seguí, Antonio / AUTVIS, Brasil, 2019 / Imagem digital
© 2019 The Museum of Modern Art / Scala, Florença

Não sei em que momento a ideia de fazer um *ménage* deixou de ser uma brincadeira na cama e virou um projeto familiar. Não sei como aconteceu, talvez nos sentíssemos muito sozinhos no número dois. A ideia de formar um trio foi, em parte, uma das minhas mais discutíveis contribuições à nossa relação. Quando o conheci, eu já tinha a questão do ciúme perfeitamente sob controle. Quero dizer que já experimentara o sabor agridoce de ver meu namorado com outra pessoa pela primeira vez: uma sensação tão desagradável como a de permitir que um conhecido use sua escova de dentes. Ver alguém que você ama fazendo amor com outra causa uma dor que se concentra na altura do estômago, como se tivesse feito 50 abdominais; é uma dessas dores produtivas que, mais cedo ou mais tarde, você sabe que lhe farão bem. Por alguns instantes, pode invadi-la uma sensação de verdadeiro altruísmo – a menos que o marido seja insuportável –, como acontece segundos depois de se doar uma boa quantidade de sangue: um pouco de vertigem, olhos arregalados, veias abertas e um pouco de você sendo transferida por um tubo para alguém que não sabe que, na verdade, você tem um tipo estranho de sangue que o envenenará.

Sempre acreditei que é melhor não se ter limites, principalmente em sexo. Não me lembro de como comecei a fazer *ménages* e, em pouco tempo, a estimulá-los. Ainda não estavam muito na moda, não havia séries de televisão nem filmes sobre o tema, nem famosos falando de sua experiência. Eu tinha 16 anos. Ia para a cama com um garoto mais velho do que eu. Foi ele quem me mostrou pela primeira vez um filme pornográfico no qual duas loiras passavam suas línguas pelo mesmo pênis. Grata pelos esforços pedagógicos do garoto, tentava impressioná-lo ou excitá-lo com minhas histórias de colegial. Gostava de contar a ele meus rituais masturbatórios no banheiro de casa. Me sentia poderosa quando descrevia as brincadeiras ingênuas que fazia com minhas amigas, principalmente quando me cabia o papel de homem. Era nosso jeito inocente de experimentar pela primeira vez os beijos de língua. Quando tinha dez anos, não me lembro de nada mais excitante do que os dias em que alguma amiga dormia na minha casa e brincávamos de fingir que dormíamos para nos tocar de olhos fechados, em silêncio, quase por acaso. Acredito que foi assim, graças a essas lembranças distantes, a esses contos de fadas que se beijam debaixo dos lençóis, que deixei outras pessoas entrarem em minha tão ansiada e recém-conquistada primeira relação de casal.

Não foi só para agradar ou experimentar, ou talvez, sim, quisesse experimentar e agradar um pouco. O fato é que esse primeiro namorado e eu logo deixamos que uma de minhas amigas se enfiasse em nossa cama. Na verdade, nós é que nos metemos na dela, na de seus pais, para ser mais exata. Ainda não tínhamos cama, nem idade suficiente para ir a um hotel. Naquela manhã em que vi como era enganoso o que eu considerava minha propriedade privada, meu direito inalienável, percebi com espanto que alguma coisa dentro de mim se despedaçava para sempre. Talvez minhas velhas crenças. De repente, o prazer da exclusividade foi substituído pelo prazer de ser uma a mais. Não sei se estou dizendo a verdade, porque eu não era uma a mais, era a mulher oficial, a condessa Báthory oficiando um sacrifício de virgens suicidas. Aprendi que é preciso evitar o máximo possível ser a terceira pessoa. Do meu feudo burocrático no palácio do amor, podia decidir com quem compartilhar a cama, a quem emprestar meu marido, por quanto tempo, com qual intensidade. Controlar o que acontecia entre nossos corpos era minha prerrogativa e meu salvo-conduto. Sempre se tem medo. Por isso fui, ao mesmo tempo, má e muito boa. Fui sádica, fui masoquista, não consegui dar um nome a essa nova raiva, a essa nova energia. A confusão daquele dia me acompanhou em todos os *ménages* que faria. Em resumo: no momento do amor tripartido, competem com igual fúria dentro de mim o ciúme e o desejo. Às vezes o ciúme vence e devora tudo em seu caminho, às vezes o que abduz é o desejo. Depois de meu primeiro *ménage* com outra mulher, pedi para fazer outro com dois homens. Era um assunto muito sério para mim. Meu namorado estava em dívida comigo. Começamos a procurar e, numa noite em que estávamos muito bêbados, conhecemos dois jovens simpáticos que nos seguiram até a praia sem perguntar nada. Nessa noite, transei com os dois enquanto aquele namorado observava de perto. Quando já controlou a coisa dos trios, você se sente cada vez mais a diretora gonzo que tenta melhorar o elenco de um filme pornô (do gênero *ménage*).

Um *ménage* é, segundo a Wikipédia, um *ménage à trois*, o sexo grupal que envolve apenas três participantes e que não é uma orgia. Como diretora de filmes do gênero *ménage*, eu tinha de ser muito cuidadosa. Não queria que minhas tentativas de fazer *Jules et Jim* terminassem em *Os três porquinhos*. Durante um tempo, dediquei-me a fazer estranhas avaliações dos *ménages* que me cercavam. Tentava encontrar a fórmula perfeita de três pessoas reunidas com finalidades mais ou menos decorosas, como o pai, o filho e o espírito santo. Sim, se o sexo é uma questão de numerologia, três era meu número da sorte. O três é especulativo, evoca o cosmos e o infinito. Um trio não é um triângulo, claro. Não tem hipotenusa nem ângulo reto, e supõe-se que nenhuma das partes está em desacordo. Não há estatísticas a respeito, mas talvez existam no universo mais trios do que pares, embora na maioria dos casos um dos três não tenha nem ideia de que são três em vez de dois. Quando finalmente descobrem, muitas mulheres e homens que não são liberais por natureza ou por opção aceitam compartilhar seus pares para se salvar do iminente abandono.

Todas as minhas tentativas de fazer um *ménage* com meu namorado seguinte haviam fracassado, assim como os meus planos de ter uma relação mais "aberta"; por isso, quando conheci J, me esforcei para que conseguíssemos. Tive de insistir, mas não muito. Uma vez que negociamos as formas, ou seja, quando J teve certeza de que só faríamos com mulheres, partimos para a ação. Como se vê, não parecia ser um acordo justo. De fato, uma militante feminista me apedrejaria por isso. Mas cuidado: é preciso lembrar que eu vinha de uma impressionante e inconfessável sequência de chifres que devia ser purgada de alguma forma. Proporcionar ao meu novo amor toneladas de glamurosa liberdade, ainda que dentro de meus limites, era meu passaporte para o céu. Além disso, e esta é uma informação a ser levada em conta, eu, como tantas outras, gosto de mulheres. Ouvi dizer que ninguém conhece melhor o corpo de uma mulher do que outra mulher. Não acredito. Com a devida atenção, um homem pode ser igualmente hábil. Não é por isso que as mulheres se juntam. Não é porque as mulheres sabem onde tocar. Eu gosto, de vez em quando, de destroçar o mito do casal primordial e encontrar minha própria substância. Acredito numa magia antinatural. Mais concretamente, no entanto, gosto de sentir em outra mulher o que um homem sente em mim. Todas as coisas delicadas, suaves e mansas que intuía em mim mesma, que os outros podiam possuir com prazer – mas que eu só poderia ter conhecido por obra e graça de uma duplicação ou algum outro procedimento de ficção científica –, se resolvem quando uma mulher me beija na boca.

Enfim, nós dois procurávamos uma mulher, quase exatamente para a mesma coisa. Não sabíamos onde encontraríamos essa alma trigêmea, mas intuíamos que estava muito perto. Se você vive em "estado de *ménage*", instalado plenamente na terceira dimensão, digamos, não é impossível que aconteça. Por que não imaginar que, assim como há pessoas no mundo procurando sua metade da laranja, existem seres procurando uma laranja inteira?

O fato é que nós encontramos alguém assim. F não era uma grande amiga, só uma daquelas amigas que estavam sempre por perto. Pequena e frágil, usava cabelo curto e unhas longas. Não era muito sociável. De fato, quando não era arredia, tinha um mau humor bastante histérico, permanentemente sarcástico. Embora eu a conhecesse bem, sempre me surpreendia a estranha agressividade que ela exibia nos momentos mais inoportunos. Acho que odiava as pessoas, mas não o assumira, isso lhe causava pânico em público, e então ficava ensimesmada. Também era solitária, embora, mais do que desamparada, parecesse encurralada. Mais um dado: não tinha um companheiro fixo. Não era

Anaïs Nin, mas nós também não éramos Henry e June. Naquele inverno, começamos a nos ver com muita frequência. Nos encontrávamos todas as tardes. Falávamos de sexo e de sexo.

O primeiro beijo triplo aconteceu num bar horroroso do centro da cidade. Primeiro F pediu que J lhe desse um beijo. Ele me olhou para se certificar da minha cumplicidade, e então a beijou. Depois me beijou, depois a beijou, logo nós duas nos beijamos e depois o beijamos. Um beijo triplo é uma coisa misteriosa, até acontecer. Na realidade, as bocas se congregam em um gesto como o que fariam três franguinhos disputando a mesma larva. Só que até aquele momento não sabíamos que a larva da morte era o quarto personagem da história. E que estava começando a devorar nossas línguas.

Em geral, um trio tem vida curta. Desafia a matemática do coração. A morte súbita paira sobre ele, sobre seu sonho trêmulo. Uma coisa é ter uma noite de aventura a três, outra muito diferente é formalizá-la. Um trio na vida real é um filme pornográfico que dura as 24 horas do dia. Ainda que eu, como afirmam as atrizes pornô que sofrem as consequências da dupla penetração em um trio homem-mulher-homem, tenha optado pelo trio menos cansativo, mulher-homem-mulher, ou seja, duas mulheres que se tornam uma e um homem que vale por dois.

A morte súbita paira sobre o trio. Por exemplo, J dirige a 100 quilômetros por hora sem tirar os olhos do espelho retrovisor, enquanto F e eu trocamos úmidas carícias no banco de trás. Estamos nuas, nos beijamos até morder. Ela goza na rua x. Eu gozo ao dobrar na rua y. Essa é uma cena da vida real, aconteceu na noite do primeiro beijo, mas também pode funcionar metaforicamente. A simultaneidade é a utopia do trio. F poderia estar ao volante enquanto J e eu nos contorcíamos atrás. Então ela decidiria descer do carro e nos deixar sem gasolina. Ou poderia ser eu dirigindo enquanto eles sujam o tapete e embaçam o para-brisa. Nesse caso, eu poderia perder a visibilidade e acelerar de propósito até que nos estatelássemos para sempre. O saldo de um trio é tão casual como o saldo de qualquer acidente automobilístico, e não basta o cinto de segurança. Depois de uma batida tripla, quase sempre há um morto e dois feridos. Em pouco tempo, F estava completamente apaixonada por J. Sua inexperiência e sua obstinada heterossexualidade levaram-na a se inclinar para esse lado da balança.

Mas primeiro houve o caso do aborto. Um descuido fatal dos três. F estava absolutamente segura do que queria fazer, e por isso, naquela manhã, os dois a acompanhamos para abortar. Para não ficarmos tão tristes, brincávamos com a ideia de tê-lo – um filho dos três! –, com os olhos de J, os cabelos de F e algo da minha presunçosa personalidade. Viveríamos sob o mesmo teto e o levaríamos para ver os novos filmes de Harry Potter. Eu, que já estivera do outro lado, agora experimentava a desesperança de um aborto na sala de espera, como um garoto, mas lendo revistas femininas e roendo as unhas. Quando tudo acabou, fomos jantar, bebemos muito vinho e prometemos não ir para a cama de novo. Na verdade, não queríamos muito.

Em geral, um trio tem vida curta, mas não morre no dia em que você decide matá-lo, por mais dramaticidade que se queira imprimir à suposta cena final. Em mais de uma noite em nossa bela cama matrimonial para três, F começou a chorar desconsoladamente enquanto fazíamos amor como só três pessoas podem fazer. Se F tivesse explodido em pranto minutos antes, talvez as lágrimas tivessem caído em direção aos nossos peitos colados, provocando uma prazerosa sensação escorregadia em nossos mamilos. J estava atrás dela, de maneira que, quando se mexia para cima e para baixo, chegavam ao meu púbis os ecos de suas sacudidas conjuntas. Ao final, J veio até mim – em meu filme hipotético, gosto de sentir que passo de coadjuvante a protagonista sem o menor mérito. E então ela começou a chorar. Nós a abraçamos, mas foi em vão. Creio que nesse momento já havíamos falado demais. Foi como se todas as feridas que lhe causamos tivessem permanecido em estado de suspensão até aquele momento, e de repente brotaram diante de nossos olhos.

– Quero ir embora – disse.

J levou-a para casa. Era uma noite especialmente fria. Eu fiquei na cama, com a estúpida e grata sensação de, pelo menos desta vez, não ser a que estava indo à merda. Senti o mesmo que sinto quando, da janela do carro, vejo um casal desconhecido brigar em uma rua deserta: alívio de não ser a mulher. Agradeci que fôssemos três, e não dois. Que não fosse eu a namorada com problemas, e sim a outra, e que bastasse um para cuidar de tudo. Alguém que não era eu. Agradeci por estar sozinha e ter toda a cama para mim e minha tristeza.

J me disse que F chorou durante todo o caminho. Mas, se ela era a vítima, isso nos transformava em carrascos? Nunca havíamos dito nada sequer parecido com uma mentira, mas nesse mesmo momento J se dava conta de que não bastava a sinceridade. Quando chegaram à porta de sua casa, F não fez nenhum sinal de que desceria do carro.

– Maldito filho da puta – gritou para J, tentando socá-lo.

J, o sujeito mais amável e educado que conheço, empurrou-a para fora do carro e voltou para casa.

Quando ela partiu para sempre, ficamos sozinhos e desesperados. Nossa cama havia ficado enorme, incomensurável. Foi assim que resolvemos contratar prostitutas especializadas em casais, um público-alvo bem específico.

Em um *ménage* sempre há dois exibicionistas e um *voyeur*. Não estou muito certa das verdadeiras razões do prazer de ver J fazendo amor com outra. Cada *voyeur* tem sua própria e refinada justificativa. Desde que nos distanciamos definitivamente das putas, temos organizado vários encontros a três, sempre em território neutro, longe da amizade e muito longe do amor. Com conhecidas ou interessadas. Às vezes, observo J e nossa convidada especial de um canto do quarto, escondida na escuridão, e acompanho com uma mão tímida o vai e vem de seus corpos, como se estivesse acariciando o lombo de um animal raivoso. Eles sabem que estou ali, mas não estou. Fico invisível. Não me masturbo, apenas observo, cobiço na solidão. Observo-os porque, de alguma forma, nesse mesmo instante, me encarno, me apodero de seus corpos. Para alguém que não gosta muito de ser quem é, acho fascinante a possibilidade de ser outro. Sou como um espectro procurando um organismo onde viver. Depois de cada trio com outra mulher, J e eu, sozinhos, rememoramos o que vivemos. Então brinco de ser elas, com seus nomes, suas formas, com o tom de seus gemidos; copio seus movimentos na cama, sua maneira de se apertar contra o corpo de J e pulsar. Me transformo nelas, encontro um corpo para habitar. Peço a J que me chame por seus nomes. Como costuma acontecer com essas coisas, o que para alguns é uma doença, para outros é o remédio. Às vezes, no meio da brincadeira, J me pega pela cabeça e, olhando em meus olhos, diz meu nome: "Gabriela, Gabriela, Gabriela". E eu choro sem saber por quê.

Gabriela Wiener (1975) é uma das principais representantes de um amplo movimento de renovação do jornalismo latino-americano. Nascida no Peru e radicada em Madri, faz de suas vivências o tema principal de uma obra variada em reportagem, ficção e poesia. É autora, dentre outros, de *Nueve lunas* e *Sexografias*, este publicado no Brasil pela Foz Editora. Este relato foi originalmente publicado no volume *Llamadas perdidas*.
Tradução de **Luís Carlos Cabral**

Autor de uma obra expressiva e variada, que abarca pintura, cartum, ilustração e escultura, o argentino **Antonio Seguí** (1934) é hoje um dos mais populares artistas de seu país, reconhecido por seu olhar irônico sobre o cotidiano.

Mulheres duplicadas

Camila von Holdefer

A questão do duplo é recorrente em autoras que atacam o mito de um eu único como forma de pôr fim à subserviência que as molda e limita

Quando algo estilhaçado faísca, nasce um brilho obstinado, mas nunca um inteiro. E, quando ficamos parados no individual e pensamos no detalhe, tudo é feito de estilhaços. A coisa se quebra por si, para que se possa enxergar com precisão. E eu a quebro mais uma vez de um jeito diferente, para que eu possa escrever a respeito.

HERTA MÜLLER

Aos 11 ou 12 anos, atraída por capas medonhas e sinopses duvidosas, encontrei numa coleção de brochuras dos anos 1980 *Minha doce Audrina*, de V.C. Andrews. Nas últimas páginas do romance começava uma obsessão que está na origem deste ensaio. Foi o desfecho da história que me levou a percorrer duas, três, quatro vezes a trama apelativa em que a protagonista, a Audrina do título, recebe o nome da irmã morta. Consciente de ser uma impostora, uma substituta, a Segunda Audrina faz de tudo para imitar a Primeira. Em sessões de tortura

Rachel Levit
Obras do livro *Shifted*, 2016
© Rachel Levit

disfarçadas por verniz terapêutico, Audrina é forçada pelo pai a receber do além as qualidades e lembranças da primogênita. São cenas e cenas na mesma batida. Na reviravolta final, que então me parecia o ápice do domínio técnico a que um escritor poderia aspirar, fica claro que só havia *uma* Audrina. Violentada por garotos a caminho da escola, Audrina foi convencida não da própria morte, mas da morte *da outra*. Ela foi *duplicada*. Numa manobra irrealizável fora do terreno da ficção, a ingenuidade de Audrina foi restaurada. Um futuro livre do trauma dependia do ajuste de certas lembranças e características, tudo era uma questão de desmontar e recompor uma identidade.

Minha doce Audrina em nada difere dos outros tantos romances de franco mau gosto da autora. Não sei dizer se o *kitsch* atua em oposição ao que há de genuinamente incômodo na trama ou se, ao contrário, dá origem a ela. Sei que é a esse incômodo que devo meu fascínio, estendido a outros enredos com personagens duplicadas.

Anos depois, dois livros mudaram minha maneira de enxergar a temática: *Floresta escura*, de Nicole Krauss, e *Karen*, de Ana Teresa Pereira. Tanto o romance da norte-americana quanto o da portuguesa trazem personagens duplicadas nos moldes do *doppelgänger*, o duplo, explorado com certa frequência na literatura escrita por homens. A simultaneidade das leituras me permitiu reparar em detalhes que, sobretudo pelas diferenças evidentes entre os livros, teriam escapado se houvesse um intervalo entre uma e outra. Mesmo a questão do duplo tem pesos distintos: o que é periférico em *Floresta escura* é central em *Karen*.

Os capítulos de *Floresta escura* se alternam entre dois personagens. Na metade que nos interessa, uma autoficção, a escritora Nicole abre a porta de casa numa tarde de outono e, ainda na soleira, tem o pressentimento de já *estar ali*. Ela sente que habita "dois planos separados da existência" que, por alguma razão, coincidem naquele instante. *Karen* admite uma série de interpretações, incluindo a mesma sobreposição de planos. A narradora, que talvez se chame Karen, supõe "que cada um de nós é realmente duas pessoas, e quando uma está adormecida num lugar, a outra vive uma existência diferente".

Floresta escura é o único dos livros aqui mencionados a citar "O inquietante", ensaio de 1919 em que Freud investiga, entre outros fenômenos, o do *doppelgänger*. Presa da ambivalência, Nicole está em busca de explicações ao mesmo tempo que as rechaça. As justificativas racionais para a sensação de estar em dois lugares ao mesmo tempo são, em geral, apresentadas de forma semi-irônica. "Poderia ter sido fácil reduzir a estranha sensação que eu tinha experimentado naquela tarde a um lapso de um cérebro estressado e cansado", diz ela. Não seria a primeira vez. Quando criança, assistindo a um programa de auditório, Nicole acreditou ter visto a si mesma na plateia. O senso que permite delimitar as fronteiras entre uma espécie de *eu* e o mundo, pensa ela, "ainda é poroso nas crianças pequenas".

Quando a sensação retorna, contudo, Nicole tem 39 anos. O casamento desmoronou sem possibilidade de reconstrução. Não há fundações sobre as quais erguer um novo livro. O Hilton de Tel-Aviv, onde passou bons momentos ao longo da infância, não lhe sai da cabeça – por alguma razão, Nicole acredita que a retomada da escrita está ligada àquele lugar. Num impulso, decide viajar a Israel. Quando chega ao hotel, contudo, sente que o lugar é ao mesmo tempo estranho e familiar. É então que relê o ensaio de Freud.

Em "O inquietante", ou "Das Unheimliche", Freud desenvolve uma investigação estética calcada não no belo, mas naquilo que chama de "qualidades de nosso sentir". A intenção é definir as propriedades do *inquietante*, associado à "angústia e [ao] horror". O ponto de partida é o trabalho do psiquiatra Ernst Jentsch, para quem o inquietante deriva de algo novo, desconhecido, capaz de propiciar a "incerteza intelectual". Para desmontar a argumentação de Jentsch, Freud começa por analisar o termo alemão *heimlich*, que admite dois significados: "familiar, conhecido" e "oculto, mantido às escondidas". Na segunda definição, *heimlich* se aproxima de seu oposto, *unheimlich*, ou seja, algo "incômodo, que desperta angústia, receio". Citando Friedrich Schelling, Freud caracteriza o *unheimlich* como "tudo o que deveria permanecer em segredo, oculto, mas apareceu". O *unheimlich* é, portanto, algo familiar, mas reprimido. Uma das experiências capazes de ativar a angústia e o horror – além da recorrência de certos acontecimentos ou de coincidências inexplicáveis, entre outros fenômenos – é a aparição de um duplo. Freud define o *doppelgänger* como

> o surgimento de pessoas que, pela aparência igual, devem ser consideradas idênticas, a intensificação desse vínculo pela passagem imediata de processos psíquicos de uma para outra pessoa – o que chamaríamos de telepatia –, de modo que uma possui também o saber, os sentimentos e as vivências da outra; a identificação com uma outra pessoa, de modo a equivocar-se quanto ao próprio Eu ou colocar um outro Eu no lugar dele, ou seja, duplicação, divisão e permutação do Eu.

O aparecimento do duplo em *Floresta escura* obedece a outros fatores identificados por Freud. Por ora, basta dizer que a jornada de Nicole é, como tantas outras em que o deslocamento está ligado ao autoconhecimento, uma metamorfose. Em Israel, ela inicia uma transformação que passa pela busca de uma *forma que possa prescindir da forma*. Com o correr do tempo, Nicole passa "a desconfiar de todas as possibilidades de dar forma às coisas". Tentando vencer o bloqueio criativo, ela lamenta que uma narrativa não tenha como recusar uma estrutura ou mesmo certa coerência. Afinal, "em uma história uma pessoa sempre precisa ter um motivo para tudo o que faz". Se a experiência nos mostra que por trás de uma atitude pode não haver uma clara motivação, por que a escrita que se pretende realista procura, na maior parte das vezes, uma justificativa para cada decisão de uma personagem? Uma resposta possível aponta

para a duplicidade imanente à escrita, condenada a prestar contas tanto à realidade e à noção de coerência quanto à própria literatura.

Para a adolescente Nicole, a escrita funcionava como ferramenta de exploração e descoberta; anos mais tarde, quando se torna profissão, aquilo "que havia começado como um ato de liberdade" vira "o pior tipo de amarra". Embora a transformação da liberdade em amarra tenha relação com a herança judaica, fundamental em *Floresta escura*, ela também está ligada ao gênero. Nicole, que desde criança queria deixar os pais orgulhosos – numa necessidade de aprovação que, como um círculo crescente, passa a incluir um número cada vez maior de pessoas –, também "queria escrever o que tinha vontade de escrever, por mais que fosse ofender, aborrecer, contestar ou decepcionar" e frustrar o próprio desejo de agradar. Não há "exploração e descoberta" – nem mesmo para oferecer aos leitores – quando se tenta desviar de obstáculos e evitar certos caminhos, manobras que autoras mulheres podem ser forçadas a executar em virtude das restrições implacáveis. Nicole reivindica uma escrita livre de regulamentações.

A necessidade de romper determinados modelos diz respeito não apenas à escrita, mas à própria vida. Adolescente, Nicole acreditou que viveria "com a mesma liberdade dos escritores e artistas que tinha como heróis", mas não resistiu à convenção. Foi preciso, segundo ela, "me acomodar a uma narrativa para minha própria vida e me comprometer a vivê-la". Em dado momento, Nicole se dá conta de que tentou emular uma trajetória padrão – "Enquanto isso, a outra vida sem forma e sem nome ficava cada vez mais apagada, cada vez menos acessível, até eu conseguir fechar a porta para ela em definitivo". Depois de percorrer uma série de lugares, a fragilizada e confusa narradora de Krauss sofre um colapso no deserto. Só então encontra algumas respostas importantes. A última cena de *Floresta escura* é reveladora: saindo do táxi em Nova York, Nicole vê que o *doppelgänger* ficou em casa com os filhos enquanto ela estava em Israel.

Diferentemente do que sugerem as críticas da personagem à forma, *Floresta escura* não é um romance radical. *Karen*, que tampouco abraça o experimentalismo, está mais próximo de rejeitar não a coerência interna, mas uma clareza analítica da própria narradora. A protagonista de *Karen* acorda em um quarto estranho, ou, como quase tudo o que descreve, "vagamente familiar". Há dois porta-retratos à vista: um com a foto de um desconhecido, outro com a de uma jovem idêntica a ela. Como não sabe dizer onde ou quando a foto foi tirada, e tampouco reconhece a roupa ou o modo de prender o cabelo, conclui que a jovem é outra pessoa.

Ela logo descobre que está em uma velha casa em Northumberland, condado no norte da Inglaterra. O suposto marido, um escritor, e uma espécie de governanta chamam-na de Karen. Karen, ela intui, é a jovem de uma das fotos; o suposto marido é o estranho da outra. Um acidente em uma cascata pode, além de explicar o tornozelo dolorido, ser a causa de uma perda de memória temporária – ou apenas uma invenção do homem e da mulher desconhecidos. Sentindo-se ameaçada, ela passa a representar um papel: o de Karen. Mesmo confusa, a narradora não abandona a convicção de que na realidade é uma pintora que vive em Londres. Quando começa a fazer perguntas, apura, entre outras coisas, que Karen deixou de estudar literatura para se casar com o escritor. Também fica sabendo que, como em um romance policial, Karen deve receber uma herança em breve. A situação pode ou não ser uma armadilha.

Como todo o resto em *Karen*, a atmosfera de romance policial flerta com o artificialismo. O efeito criado por Ana Teresa Pereira – ela mesma uma autora portuguesa que ambienta essa trama excêntrica num país que não é seu – está muito próximo do pastiche. Com frequência, a narradora tem a "impressão de estar num cenário criado em estúdio". Se em *Floresta escura* Nicole cita o "rasgo no tecido da realidade", em *Karen* o que se tem é uma "fenda quase imperceptível no cenário".

Embora fale de Karen na terceira pessoa, a narradora não oferece um nome verdadeiro ao qual vincula um *eu*. Tampouco abre mão da terceira pessoa ao imaginar ou recordar cenas da outra vida, a de Londres, protagonizadas pela "rapariga". O título do romance contribui para a interpretação, sem dúvida simplista, de que a narradora é Karen. As roupas de Karen lhe servem; as pessoas do vilarejo a reconhecem; com o passar das semanas, é como se algumas memórias vinculadas ao lugar e ao suposto marido retornassem. Ainda que "a ideia de que era uma intrusa, de que estava a copiar os gestos de outra pessoa" não a abandone de todo, Karen, ou uma ideia de quem venha a ser Karen, se torna mais nítida a cada dia. "Não era possível ter o mesmo rosto e o mesmo corpo e não partilhar um pouco da alma", admite ela.

A interpretação segundo a qual a narradora é Karen pode ser considerada simplista na medida em que o romance depende não apenas do artificialismo, mas também, e acima de tudo, da ambiguidade. Toda a construção é sustentada pela imprecisão. Identidades, imagens e ideias se confundem do princípio ao fim. As diversas menções a filmes e livros estão ligadas aos momentos em que o entorno parece à narradora um mero cenário. Não há um *real* discernível, apenas uma série de referências e impressões coletadas aqui e ali, sobretudo na ficção, e então embaralhadas. Quando encontra algo em comum com Karen, a narradora se pergunta se as duas leram os mesmos livros na infância. "Nós somos feitos das histórias que lemos em crianças", afirma. "Castelos, muros de pedra, charnecas intermináveis", presentes sobretudo em contos infantis escritos em língua inglesa, servem também para descrever a paisagem de Northumberland.

A cascata em que a personagem supostamente escorrega, perdendo a memória, é descrita como um "lugar mágico" que serviria "para metamorfoses". Boa parte dos elementos passa por algum tipo de transformação, ressurgindo alterados e incorporados a outro contexto. Não há, portanto, como separar os fios – não apenas os fios que na superfície entrelaçam os dois papéis de uma mesma mulher, mas os que compõem o próprio tecido narrativo.

Visto por determinado prisma, *Karen* parece produto de um estado onírico. O romance de Ana Teresa Pereira também pode ser lido como uma representação mais ou menos fiel do processo criativo em razão do amálgama de lembranças e referências que produz a voz da narradora. Crucial em *Floresta escura*, em que é evidenciado pela luta de Nicole para aceitar e incorporar a imprecisão à escrita, o processo criativo se mostra em *Karen* através da pintura. Quando imagina ou rememora a feitura de um quadro na rotina de jovem solteira em Londres, a narradora alude a uma espécie de transe ou perda do *eu*. Ao voltar a si e observar o trabalho concluído, ela o considera ao mesmo tempo "surpreendente e familiar". Ela reconhece no que pintou as impressões – não apenas visuais – que a atravessaram em determinado momento. E descreve uma entrega "a um ritual mágico", uma espécie de convivência íntima com um ambiente, com um punhado de objetos, com certas memórias e ideias. Pintar conduzia a um "outro estado de consciência", e lembrava "algo religioso, uma religião antiga feita da ligação com as coisas, de metamorfoses, e sinais". As sensações e os procedimentos ligados à pintura dão sentido àqueles dias em Londres. Depois de uma série de descrições semelhantes, é surpreendente quando, em Northumberland, ela se dá conta de que não sabe sequer desenhar.

As semelhanças entre os livros já começam a se delinear. Se considerarmos a camada mais superficial da narrativa, aquela em que há dois caminhos para uma mesma protagonista, tanto em *Floresta escura* quanto em *Karen* as personagens limitam ou abandonam inclinações e expectativas conforme se ajustam à própria versão de uma rotina doméstica. De diferentes maneiras, uma vez que as tramas não coincidem em pontos importantes, ambas desejam mais do que o papel a que se acomodaram pode oferecer ou admitir. Em "O inquietante", Freud associa o aparecimento do *doppelgänger* a "todas as possibilidades não realizadas de configurações do destino, a que a fantasia ainda se apega, e todas as tendências do Eu que não puderam se impor devido a circunstâncias desfavoráveis".

A certa altura, a narradora de *Karen* luta para "separar o que imaginava do que recordava". Para Freud, "o efeito inquietante é fácil e frequentemente atingido quando a fronteira entre fantasia e realidade é apagada". Ele acredita que a sensação do *unheimlich*, não apenas aquela ligada ao surgimento de um duplo, remonta a "um tempo em que o Eu ainda não se delimitava nitidamente em relação ao mundo externo e aos outros" e também ao "desamparo de alguns estados oníricos". Tentativas de reproduzir a complexidade de disposições semelhantes – das quais a duplicação é um produto – estão presentes em quase todos os livros examinados aqui.

Freud tenta estabelecer uma distinção entre a experiência do *unheimlich* na realidade e o modo como esta é descrita ou recriada na ficção. Certas narrativas, diz, dependem da elaboração de situações verossímeis que, no entanto, apresentam um ou dois detalhes que não podem ser encontrados fora dos livros. Quando bem-sucedida, a manobra testa os limites da escrita realista enquanto manipula as emoções e as expectativas do leitor, produzindo o *unheimlich*. Ao transitar sem reservas pelo terreno do imaginário, no qual irrompem criaturas e eventos fantásticos, fábulas e contos de fadas infantis – dos quais são extraídas muitas das imagens de *Karen* –, perde a capacidade de provocar angústia e horror.

A capacidade de comunicar uma verdade mais profunda, no entanto, é preservada. Marthe Robert, que também recorre à psicanálise em *Romance das origens, origens do romance*, escreve que os contos de fadas, ainda que abram mão do ajuste à realidade, também servem para "evocar o que há de oculto e interdito nas coisas familiares". Trata-se de "descobrir o falso para obrigar a descobrir o verdadeiro". Robert assegura que o "convite à viagem na irresponsabilidade do fantástico" é apenas o álibi "de um realismo mais profundo". As representações de estados alterados de consciência na literatura parecem habitar uma zona cinzenta entre os contos de fadas infantis e as narrativas que procuram mimetizar o real sem abandonar um conjunto de procedimentos tradicionais. São igualmente capazes de conter o *unheimlich*, tanto pela proximidade que mantêm com o reprimido quanto por integrar uma narrativa que reivindica algum grau de verossimilhança. E ainda podem caminhar pelo mesmo terreno fértil do fantástico, transmitindo a verdade de que fala a autora. Uma passagem ilógica, quando descrita como o produto de um sonho ou delírio, nunca deixa de ser plausível.

Não há, é claro, uma única fórmula para forjar o *unheimlich* em narrativas de ficção. Quem escreve pode lançar mão de uma série de procedimentos e combinações de procedimentos, de misturas de estilos, recursos e registros. Um componente, como a névoa ou a bruma, pode ao mesmo tempo contribuir para a produção do inquietante e encerrar um simbolismo crucial para o desenvolvimento e a compreensão da trama. Recorrente em *Karen*, a névoa surge quando a narradora lembra, sonha ou imagina, sugerindo que a questão está ligada a enxergar ou não com clareza. Quando alude às brincadeiras de crianças na névoa, por exemplo, era "como se os jogos se multiplicassem por dois, como se ganhassem uma segunda dimensão".

A névoa como dispositivo simbólico é, aliás, um bom ponto de partida para explicar os diferentes aspectos assumidos pela duplicação, que vai muito além do *doppelgänger*, em livros de autoras mulheres. Em *A última névoa*, novela escrita em 1934 pela chilena María Luisa Bombal, é também a atmosfera que garante o *unheimlich*. Como nos romances de Nicole Krauss e Ana Teresa Pereira, é possível tomar o conflito central como resultado de um evento improvável ou de uma elaborada operação mental. Consequência de um arranjo pragmático, o casamento da narradora com um primo viúvo é frustrante em todos os sentidos. A duplicação em *A última névoa*, contudo, não está na obsessão do

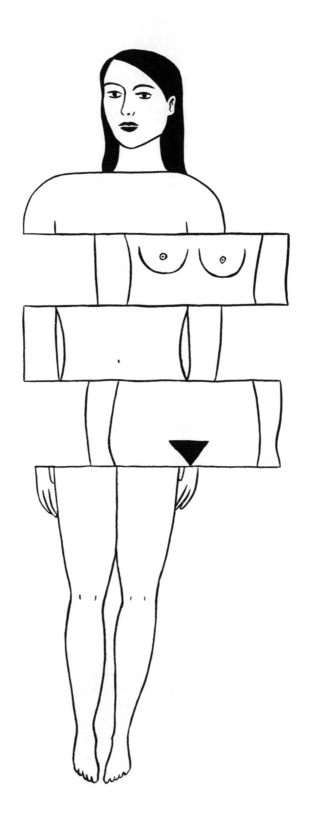

sujeito pela primeira mulher, de quem muitos dos gestos e costumes deveriam ser copiados pela segunda, e tampouco no uso nada gratuito do reflexo no espelho e da sombra – remetendo uma vez mais a Freud, que se refere brevemente às "relações do duplo com a imagem no espelho e a sombra". A cena em que a narradora foge do velório de uma adolescente é a melhor chave para compreender em que consiste a duplicação na narrativa de Bombal. Enquanto corre para se afastar do lugar, a névoa toma conta de tudo; ela mal consegue enxergar o caminho. Aflita, pensa na garota que morreu mal tendo vivido. "Eu existo, eu existo!", grita.

Em uma visita à cidade, a narradora – que vive isolada em uma fazenda com o marido – bebe vinho antes de se deitar. Ela acorda durante a madrugada e sai sozinha para um passeio na névoa. Um desconhecido surge como por encanto e a conduz até uma casa, onde fazem sexo. Ela, que o seguiu por vontade própria, se sente desejada. Seu corpo é finalmente visto e tocado. Realidade ou sonho, dali em diante ela vive em função daquele momento.

A última névoa examina não a criação artística, mas a produção ativa e contínua de um enredo alternativo que permite à narradora suportar o cotidiano. Os detalhes do encontro noturno dão sentido ao passado e apontam para a possibilidade de um futuro. Há o que lembrar e o que esperar. Durante anos, ela acredita que o amante está por perto e logo virá ao seu encontro. Uma nova camada – cuja essência permanece, é claro, inacessível para os outros – é sobreposta à realidade. Ou uma ação corriqueira ganha outro sentido, o que se manifesta na sensação de ser observada por ele enquanto nada no lago, ou é esvaziada de sentido, o que é evidenciado pelo hábito de executar as tarefas diárias de forma automática, perdida em devaneios. O ato desesperado da narradora de Bombal é duplicar o próprio mundo, estabelecendo uma distinção nem sempre estanque entre a vida doméstica e a vida que depende da lembrança e do desejo.

Em dado momento, a realidade daquela noite é finalmente questionada. A memória da qual a narradora extraía sentido e esperança perde a eficácia quando convertida em sonho. Só então ela admite que é infeliz, "horrível e completamente infeliz", e se dá conta de que "os seres, as coisas, os dias" só são suportáveis quando vistos através da lente que fabricou e poliu. A névoa como recurso estilístico ocupa, portanto, o lugar e a função do imaginário. Para a narradora de Bombal, a névoa agia como uma "barreira de fumaça", dificultando "qualquer visão dos seres e das coisas, incitando ao isolamento". Em *Karen*, a névoa sugere um erro de percepção – a disposição de ver ou sentir algo que não está ali, de se deixar enganar em relação às formas e distâncias. Entre a recusa de absorver o mundo exterior e a tendência ao equívoco e à distorção, a diferença é apenas de grau. A duplicação surge, aqui, atrelada a uma questão epistemológica: é um desafio ainda maior definir ou apreender o real quando o ato pressupõe o reconhecimento da própria impotência.

Mas que real é esse, e como encarar a tentativa de representação do real na ficção?

A compreensão de *Karen* como uma mera disputa entre duas maneiras de existir, justamente por se tratar da camada mais superficial, é visível em qualquer leitura do livro. Segundo uma fórmula repetida pela narradora, "todas as histórias [são] uma só, a luta entre o anjo bom e o anjo caído, e sempre à beira de um abismo". Embora a associação seja improvável, a passagem me fez pensar no "Anjo do Lar" de Virginia Woolf. Em um texto apresentado à Sociedade Nacional de Auxílio às Mulheres no início da década de 1930, Woolf – que extraiu a expressão "Anjo do Lar" de um poema de Coventry Patmore – critica as convenções que limitam os movimentos do que Simone de Beauvoir chamaria, anos mais tarde, de "o segundo sexo". Woolf toma o ofício de escritora e crítica literária como exemplo ao descrever o impacto das restrições e expectativas irreais no trabalho de uma mulher. O perfil do Anjo do Lar, segundo Woolf, é "nunca ter opinião ou vontade própria". Como narrar, como resenhar a partir de uma série de proibições? Cansada de ser tolhida, ela conta como "matou" o Anjo do Lar. "É muito mais difícil matar um fantasma do que uma realidade", escreve. Mas o que Woolf tenta aniquilar é uma realidade, embora nem sempre palpável.

Em *Um teto todo seu*, ensaio baseado em duas conferências realizadas poucos anos antes, Woolf usa diferentes abordagens e artifícios para tratar das condições materiais da escrita das mulheres. Sem renda própria, tempo ocioso ou privacidade, era quase impossível que uma mulher conseguisse escrever. A percepção da própria inferioridade, assimilada desde cedo, era um obstáculo de outra ordem. Se *eles* eram desencorajados a publicar pela possível indiferença do público, *elas* eram desencorajadas pela hostilidade manifesta. De certa forma, todo texto de Woolf sobre o tema dá a entender que uma mulher que escreve está em permanente conflito consigo mesma.

Em *Sexual/Textual Politics*, Toril Moi discute as críticas de algumas feministas a Virginia Woolf. Segundo Elaine Showalter, que condena as múltiplas perspectivas deste e de outros livros, *Um teto todo seu* seria evasivo. Tal rejeição, diz Moi, é na verdade estilística e formal. Teóricas como Showalter costumam condenar o caráter subjetivista, fragmentado e individualista do modernismo a que Woolf se filia, reivindicando, para fins sociais e políticos, uma visão integral e não fragmentada do *eu*. A Hogarth Press, editora fundada por Virginia e o marido, Leonard, lembra Toril Moi, publicou as primeiras traduções para o inglês das principais obras de Freud. Romances como *Mrs. Dalloway* e *Ao farol* mobilizam e exploram o inconsciente dos personagens, o que ocorre sobretudo pela ativação da memória a partir da percepção do entorno. Ao percorrer diferentes detalhes e nuances de uma cena por meio da manipulação de pontos de vista distintos, a escrita de Woolf oferece uma série de camadas e chaves interpretativas. Moi contesta, então, o anseio de outra teórica, Marcia Holly – que chega a sugerir que a perspectiva feminista deve abandonar a

crítica formalista e julgar a partir de critérios de "autenticidade" –, por "uma percepção não contraditória do mundo", o que seria um reducionismo. "Para Woolf, assim como para Freud, os movimentos e desejos do inconsciente exercem uma pressão constante nos nossos pensamentos e ações conscientes", observa Moi. A consciência é uma pequena parte de uma entidade complexa, "uma constelação instável". Não se pode subestimar a influência do inconsciente no processo de escrita, tampouco rejeitar, como mera futilidade, as tentativas de sondar ou emular suas ligações por meio da linguagem. A crítica erra ao buscar um eu individual e unificado em uma obra literária. A busca por uma "identidade textual" é igualmente sem sentido.

O culto a certo tipo de realismo me faz pensar em Svetlana Aleksiévitch, Nobel de Literatura de 2015, que define a si mesma como "historiadora da alma". Para escrever seu primeiro livro, *A guerra não tem rosto de mulher*, publicado originalmente em 1985, Aleksiévitch conversou com mulheres que lutaram na Segunda Guerra Mundial. No processo de consolidação do que seria, mais do que um estilo, uma sensibilidade inconfundível para observar, inventariar e narrar, ela diz estar à procura de um gênero que responda à maneira como vê o mundo. Aleksiévitch compreende a dificuldade de se chegar perto da realidade, uma vez que entre "a realidade e nós existem os nossos sentimentos". Atenta aos detalhes que escapam às narrativas oficiais da guerra, e que para alguns são apenas "ninharias", ela se detém nos gestos, nas expressões e nos silêncios das mulheres que encontra. "Me interessa não apenas a realidade que nos circunda, mas também aquela que está dentro de nós", observa. Quando lançado, o livro é examinado por censores da União Soviética, para quem Aleksiévitch está "humilhando a mulher com seu naturalismo primitivo", apagando a heroína para fazer emergir "uma mulher comum". O desejo de algumas das teóricas contestadas por Toril Moi, perigosamente próximo da visão dos censores, é o de abrir mão de emoções nuançadas e conflitantes – justamente as que conferem relevo e gravidade ao livro de Aleksiévitch.

A posição de Toril Moi é reforçada por outras autoras. Em "Why One Story and Not Another?" [Por que uma história e não outra?], ensaio incluído em *A Woman Looking at Men Looking at Women* [Uma mulher olhando para homens olhando para mulheres], Siri Hustvedt admite que os escritores dificilmente são capazes de localizar a origem de algo tão fugidio quanto a inspiração. A partir de leituras multidisciplinares e da própria experiência, Hustvedt descreve a atividade inconsciente que torna tão difícil, quando não impossível, seguir o rastro de uma ideia. É sabido, diz, que o processo criativo envolve tanto a memória quanto a imaginação.

No mesmo ensaio, Hustvedt aponta "a conexão entre a escrita de romances e aquilo que costumava ser chamado de transtorno de personalidade múltipla, que agora é chamado de transtorno dissociativo de identidade". Ela se refere não a um transtorno real que atinge os escritores, mas à maneira como os personagens parecem, em alguns casos, manifestar vontade própria. Hustvedt acredita que a elaboração estética é uma espécie de barreira de proteção entre os muitos eus do artista e as *personas* de pacientes dissociados e traumatizados. De maneiras distintas, as construções de *Floresta escura* e *Karen* (a escrita substituída pela pintura) revelam uma falha na tal barreira; a criação artística, para as duas narradoras, está ligada, pelo menos provisoriamente, à desintegração do eu. Tanto Ana Teresa Pereira quanto Nicole Krauss procuram transpor para a ficção, em forma e conteúdo, a complexidade envolvida na produção de um romance ou de um quadro, e que nunca pode se manifestar por completo quando a liberdade é restringida. O processo criativo vai, portanto, exigir a dissociação. Para que possa haver outros caminhos possíveis para protagonistas, caminhos que permitam a exploração desimpedida dos "muitos eus do artista", é preciso antes de mais nada fracionar algo como uma identidade. Fracionar o eu é, em ambos os casos, recusar as amarras. Na vida e na própria arte, em uma relação que se retroalimenta, as protagonistas (e as autoras?) desejam a liberdade que lhes parece constantemente negada. Surgem novas vozes ou novas versões da mesma voz.

Mas a duplicação pode se manifestar ainda na criação de uma personalidade inteiramente nova, mais próxima do transtorno a que Hustvedt alude.

Publicado em 1971, *Malina*, de Ingeborg Bachmann, é um romance desafiador. A narrativa em primeira pessoa revela a perturbação de uma escritora, cujo nome não é mencionado, marcada por traumas que ela não consegue articular senão de modo indireto, mas que sabemos ter relação com episódios de violência envolvendo figuras masculinas. Personagens e acontecimentos surgem na trama por meio de um simbolismo desenvolvido a partir de movimentos do inconsciente, o que inclui, além da escrita, sonhos e delírios. Ela vive em Viena, supostamente com um homem chamado Malina. Por algum tempo, com ou sem o conhecimento de Malina, mantém um relacionamento com Ivan, um vizinho. Como a narrativa é fragmentada e raramente há indicação de tempo e lugar, é impossível saber o que é real e o que não é.

Na interpretação de alguns críticos, Ivan e Malina seriam nome e sobrenome do mesmo homem. Alguns trechos, contudo, indicam que Malina é uma criação da narradora. Durante uma conversa com Ivan, ela observa que há "um outro" nela. "Não quererás dizer uma outra?", pergunta Ivan. Ela insiste: "Um outro". Algumas páginas adiante, lembra da ocasião em que uma vidente, ao mapear seus "diferentes aspectos e tendências", enxergou "a imagem não de um ser, mas de dois seres violentamente opostos". Sua vida seria, assim, "um perpétuo ensaio de ruptura", definição que dá conta da própria lógica interna do romance. "Cada um desses dois seres", diz a vidente, "poderia viver separadamente, mas nunca juntos; pois o elemento masculino e o elemento feminino, [...] o poder criador e o poder de autodestruição, [estão] igualmente assinalados."

O ato de se vestir ou despir é descrito com frequência como uma espécie de ritual ou performance. Quando, no final, as peças femininas começam a desaparecer, é impossível dizer se Malina as jogou fora ou se a narradora se prepara para incorporar de vez o lado masculino. "Serei uma mulher ou um ser dimorfo? Se não sou inteiramente uma mulher, que serei então?", indaga. Seja como for, ela se dissolve enquanto ele ganha terreno. Por fim, desaparecida a narradora, resta apenas Malina. Este atende a uma ligação de Ivan:

> Não, não há aqui mulher nenhuma
> Repito-lhe que nunca houve
> Não, ninguém
> O meu número é 72 31 44
> O meu nome?
> Malina.

Ingeborg Bachmann não é a única autora a abordar a duplicação que atravessa os gêneros. Siri Hustvedt, tão competente na ficção quanto no ensaio, faz o mesmo em *O mundo em chamas*, de 2014. Não há, no romance, um *doppelgänger* nos moldes clássicos, e a sensação do *unheimlich*, seja descrita ou produzida no decorrer da narrativa, também está ausente. Mais uma vez, no entanto, a fragmentação de uma protagonista surge vinculada ao processo criativo. Harriet Burden, conhecida como Harry, abriu mão de uma carreira como artista visual ao não receber a atenção ou o reconhecimento que acreditava merecer. Depois da morte do marido, um marchand bem-sucedido, e com os dois filhos já adultos, ela decide voltar a criar. A fim de entender como a percepção influencia a recepção de obras produzidas por mulheres, Harry conspira com três artistas homens; o plano é atribuir a cada um deles uma exposição concebida por ela. São suas "máscaras".

Harry, cujo sobrenome em inglês significa *fardo*, está furiosa com a repressão das mulheres. Conversando com uma amiga de infância, ela se queixa das ordens que restringem e corrompem: "Não seja espalhafatosa, Harry. Não cause comoção, Harry. Fique com os joelhos juntos, Harry. Não é educado, Harry." Para várias gerações de mulheres, não havia nada a fazer além de se curvar e atender aos desejos dos homens, argumenta ela. Em seguida, como se continuasse o raciocínio, Harry lembra à amiga que "mais de 90 por cento de todos os casos relatados de personalidades múltiplas aconteceram com mulheres".

Algo em Harry começa a mudar a partir da interação com os sujeitos recrutados, revelando novos aspectos de uma personalidade que parece, ainda que por acaso, multiplicada. Sem querer, Harry "tinha descoberto novas formas de si mesma" – a *forma* surgindo mais uma vez. Não apenas a personalidade, mas também a obra de Harry, sobretudo a obra rejeitada dos primeiros anos, traz a sugestão de uma urgência de liberdade. Uma galerista observa, como se falasse de uma característica indesejável, que o trabalho de Harry não se encaixa em nenhum esquema. Se a artista for uma mulher, o radical tende a ser visto com desconfiança ou rejeitado. O que neles é genialidade, nelas é pretensão ou loucura. A desistência inicial de Harry, seguida pelo desafio lançado com as máscaras, tem a ver com a consciência desse desequilíbrio. "Uma vida no mundo ou

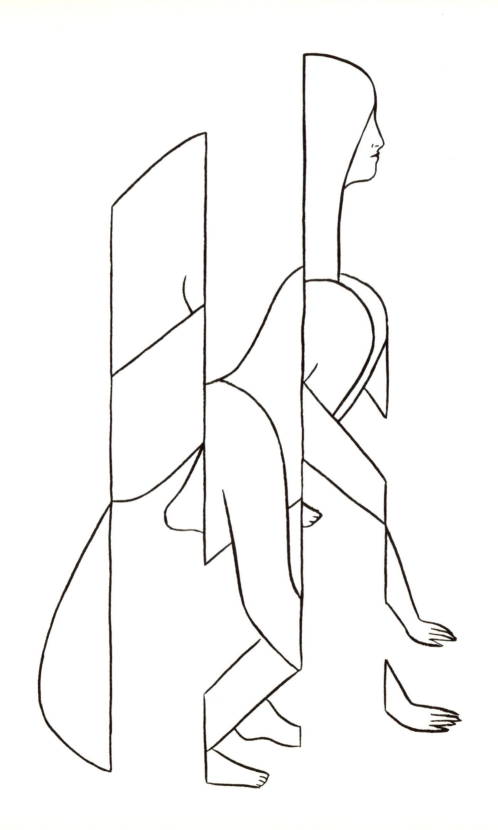

um mundo na cabeça? Ser vista e reconhecida do lado de fora ou se esconder e pensar do lado de dentro?", pergunta. Guardadas as proporções, é o mesmo dilema da narradora de *A última névoa*, forçada, ao contrário de Harry, a abrir mão de uma vida no mundo.

Hustvedt brinca com características de gênero – como as performamos e percebemos – a partir de todas as 19 vozes que narram o romance. Harry, que ganhou do pai o apelido masculino, é descrita como uma mulher desajeitada de quase 1,90 metro de altura. Além disso, seu plano mirabolante remete a um tempo em que, para escapar das restrições e discriminações a que as mulheres estavam sujeitas, não era incomum que autoras adotassem pseudônimos masculinos. De uma maneira nem sempre óbvia, o gatilho das duplicações analisadas aqui parece se relacionar com alguns dos motivos que levaram, entre tantas outras, Mary Ann Evans e Amandine Aurore Lucile Dupin a assinar como George Eliot e George Sand, respectivamente. E há, é claro, uma série de tipos menos óbvios de identidades fluidas, tanto na ficção quanto fora dela. O tema é muito vasto e complexo para ser tratado aqui, além de manter uma ligação não mais do que tênue com o tema deste ensaio. Mas penso em Lucy Schwob, cujo trabalho, assinado sob o nome de Claude Cahun, é atravessado pela ideia de duplo como expressão *sui generis* da androginia. *Orlando*, de Virginia Woolf, escrito em homenagem a Vita Sackville-West, também mostra, em último caso, essa espécie curiosa de duplo. E penso em Annemarie Schwarzenbach, que tanto na vida quanto na escrita incorporou e definiu os gêneros de modo menos rígido do que o usual.

Graças ao momento histórico e à quebra de estereótipos de gênero, mas também à necessidade de viabilizar, por meio da escrita, uma espécie de exame íntimo, é arriscado ignorar certos aspectos da vida de Annemarie Schwarzenbach ao ler qualquer um de seus livros. No autobiográfico *Morte na Pérsia*, a autora narra uma viagem pelo Oriente Médio na primeira metade da década de 1930. No prefácio, ela avisa que o livro trata de "falsos caminhos", ou seja, da impossibilidade de autorrealização. Schwarzenbach tenta, sem sucesso, encontrar algum consolo para um mal indefinido. Como Nicole em *Floresta escura*, ela rejeita, ou é incapaz de fornecer, uma explicação coerente para a desesperança que a levou a deixar a Europa. A sinceridade de Schwarzenbach não impede o distanciamento calculado do relato. Poucos detalhes, como as descrições expressionistas do entorno, ajudam a inferir o que se passa com a autora. Uma metáfora peculiar, no entanto, aproxima o leitor da solidão de uma mulher andrógina e lésbica em um ponto remoto do espaço e do tempo: Schwarzenbach, chamada de anjo ou arcanjo pela fotógrafa alemã Marianne Breslauer, imagina um anjo com quem mantém dois ou três diálogos. É possível ver aí tanto um recurso estilístico quanto um delírio provocado pela morfina, da qual Schwarzenbach era dependente, ou uma mistura de ambos. Ao anjo ela confessa seus medos e desejos, buscando compreensão e apoio. Sem ter quem a escute, Schwarzenbach se duplica metaforicamente ao criar o interlocutor. É o único consolo possível.

Reconhecer aquelas que nos precederam também pode representar, em algumas situações, um alívio para a solidão. Algumas das mulheres duplicadas da ficção incorporam, além das versões diferentes de si mesmas, outras mulheres. Em *Dias de abandono*, Elena Ferrante conecta a duplicação momentânea da protagonista, motivada por um colapso, à ideia de recorrência. Tomado com frequência como a mera reprodução de um clichê, o romance tem seu mérito justamente no modo como expõe a permanência de velhas situações. Olga, a narradora, abriu mão da própria carreira para apoiar a do marido, Mario. Desde que se viu confinada à rotina de dona de casa, ela, que deu os primeiros passos como autora publicada, é incapaz de escrever. Há, portanto, algo da indignação de Medeia em Olga quando Mario a deixa, e aos dois filhos, para viver com uma jovem. De forma reveladora, Olga resgata a lembrança da "pobre coitada", uma mulher abandonada pelo marido que se tornou alvo da piedade e da zombaria da vizinhança em um passado distante em Nápoles.

Em uma manhã turbulenta, algo se rompe. Olga passa a falar de si na terceira pessoa. "Começa assim, falando as próprias palavras como se fossem de outra", diz. Ela tenta, sem sucesso, manter a coerência e o senso de continuidade. Incapaz de "voltar ao eu", age de forma desastrada e sem propósito. As horas passam enquanto Olga perambula pelos cômodos do apartamento, deixando ações importantes pela metade. Ora enxerga a si mesma aos oito anos, ora a "pobre coitada".

Em seguida, Olga reconhece no próprio rosto os traços da "pobre coitada": "Já não era mais eu, era outra, como temia desde que acordei, como temia desde sabe-se lá quando". Ela está deformada pela dor, mas sobretudo pelos anos em que precisou se adequar a um modelo – modelo mais ou menos flexível, mas apenas quando se entende a flexibilidade como a capacidade de executar continuamente uma série de novos ajustes a partir das necessidades alheias. No banheiro, ela se assusta com a imagem refletida nos dois espelhos laterais. Olga sente que é preciso "confiar nos dois perfis, confiar na estranheza deles mais do que na familiaridade", para que, já próxima dos 40 anos, possa recobrar a confiança e se tornar adulta. Era o momento de "cair para fora da malha de certezas e ter de aprender outra vez a viver a vida" sem um roteiro. De novo, a ideia de uma personalidade e de uma vida livres das formas fixas, em especial das formas reservadas às mulheres – que tiveram os movimentos tolhidos como se por uma camisa de força –, é associada à perda momentânea daquilo que se toma por certo.

Quando ainda sonhava com uma carreira literária, Olga provocou um sorriso de escárnio em uma professora ao dizer que "queria escrever histórias de mulheres com muitos recursos, mulheres com palavras indestrutíveis, não um manual da esposa abandonada". Em uma das partes finais de *Cassandra*, Christa Wolf ironiza: "Mulheres empreendedoras, violentas, clarividentes? O radar da literatura não as poderia detectar. É isso que se chama de 'realismo'. A existência inteira das mulheres até hoje foi *irrealista.*"

Formado por uma narrativa ficcional e quatro conferências que funcionam como um diário da escrita, *Cassandra* revela uma autora que assume tanto a voz de uma personagem mitológica quanto a sua própria. No prefácio, Wolf avisa que quer fazer dos leitores testemunhas de um modo de trabalho que ela julga transformador. Como Ks em *Floresta escura*, Christa Wolf acredita que há uma "forte tensão entre as formas dentro das quais nos movemos convencionalmente" e o que ela chama de "material vivo", aquele a que nossos sentidos e pensamento nos conduzem.

No início da narrativa de Wolf, Cassandra está num carro grego às portas de Micenas, depois de ser levada de Troia por Agamenon. À espera da morte, Cassandra se sente "dividida em duas". E, "para permanecer consciente", vai levar a divisão a cabo antes que o machado a divida. O procedimento é mais simples do que parece: o que Cassandra pretende é examinar a própria vida de maneira objetiva, com algum distanciamento.

Por ter rejeitado Apolo, Cassandra recebeu do deus o dom da profecia acompanhado do fardo do descrédito. O dilema de Cassandra também é epistemológico. Christa Wolf joga um jogo duplo ao conciliar uma Cassandra que tem "ânsia de saber", que é observadora e sagaz, com aquilo que diz o mito. "Perspicácia" e "premonição" são dois nomes distintos para a mesma característica: "Quem fosse capaz de ver veria desde o primeiro dia: nós perderíamos a guerra". Ninguém lhe dá ouvidos; a maldição do deus é a mesma do patriarcado. O destino de Cassandra antecipa, portanto, o de todas as mulheres – a transformação em objeto. Cassandra foi transformada em objeto não apenas por Apolo, mas também por Agamenon, que a tomou como butim, por Ajax, que a estuprou ao final da guerra, e até pelo pai, que a calou à força. Helena foi um joguete, defende Wolf, e acabou por se tornar um ídolo. E se o ídolo "reencontra a fala e, como mulher, deve dizer 'eu'"? Que *eu* é esse?

"Que tipo de memória exige e pressupõe a prosa de Virginia Woolf?", indaga Christa Wolf. Embora use o termo "escrita feminina", hoje rejeitado, Wolf se pergunta em que medida se pode considerar a existência de uma escrita própria das mulheres:

> Na medida em que as mulheres, por motivos históricos e biológicos, vivenciaram uma realidade diferente da dos homens. Vivenciaram a realidade diferentemente dos homens e assim a expressam. Na medida em que as mulheres não fazem parte dos membros dominantes da sociedade e sim dos dominados, durante séculos existindo como objetos dos objetos, como objetos de segundo grau, frequentemente sendo objetos de homens que também são objetos, ou seja, sua situação social as faz membros obrigatórios de uma segunda cultura; na medida em que abandonam a tentativa de se integrar ao sistema irracional dominante. Na medida em que buscam a autonomia através da escrita e da vida.

No mesmo "Why One Story and Not Another?", Siri Hustvedt se pergunta se o processo criativo é diferente para os homens e as mulheres. Embora destaque a questão da experiência – algumas vivências, sobretudo a da opressão, são próprias às mulheres –, Hustvedt se distancia da visão essencialista da qual Wolf se aproxima. Seja como for, a parte mais importante, a chave deste ensaio, está nesta citação de *Cassandra* extraída de uma das conferências, em meio a uma reflexão sobre *Malina*: "Acho que toda mulher que neste século e no nosso círculo cultural se aventurou pelas instituições marcadas pela lógica masculina – a 'literatura', a 'estética' são tais instituições – teve que experimentar o desejo de autodestruição".

A autodestruição que precede uma transformação profunda é um processo visível não apenas na narradora traumatizada de *Malina*, mas em todos os livros mencionados aqui. Para as protagonistas, mesmo a de María Luisa Bombal, a fragmentação é a condição *sine qua non* do processo criativo. Em certo sentido é uma questão de descobrir uma personalidade e uma voz quando se foi deformada por uma cadeia descritiva que pressupõe o normativo. A mulher doce, dócil, doméstica e domesticada finalmente racha o próprio molde e, no processo, rejeita os velhos adjetivos. É preciso, portanto, descobrir o que se esconde sob o verniz endurecido da aquiescência, da brandura e da submissão. Afinal, como frisa Marthe Robert acerca dos contos de fadas, há uma verdade profunda em todos os livros que pretendem representar mais do que a vida consciente. É necessário dar o devido crédito a essa "constelação instável", como quer Toril Moi, explorando-a sem ordem ou método previamente delineados. Decidir o que trazer à tona, quando e por quais meios.

Acabar com o mito do eu único na arte começa, afinal, por acabar com o mito da subserviência, que molda e restringe as mulheres. As amarras que limitam o que podemos ser e dizer, e quando, e por quais meios, se refletem na escrita e em outras manifestações artísticas. Assim, uma mulher deve, para citar a recomendação de Christa Wolf, "encontrar as palavras que não se detenham diante do ritual dominador, que não se detenham diante de nada, que sejam indomáveis, selvagens". Que as mulheres trabalhem também a forma viva, como querem Krauss e Wolf. E que o radicalismo possa ser visto e sentido nas obras dessas mulheres, como quer Hustvedt. Com a voz reencontrada, com novas vozes sendo afinadas, as fôrmas já não têm serventia alguma.

Botar abaixo, e então reerguer.

Camila von Holdefer (1988) é crítica literária, colaboradora da *Folha de S.Paulo* e da revista *Quatro Cinco Um*.

Nascida na Cidade do México e radicada em Nova York, a artista e ilustradora **Rachel Levit** (1990) é autora de livros como *Shifted* (2016), no qual foram publicados os desenhos aqui reunidos.

MAS, NO
EMBARAÇO DE
INCONSTANTES
HORAS — AS
ESPERANÇAS
VELHAS E
DESANIMAÇÕES
NOVAS — DE
ENTRE-
MOMENTOS;

Rosa, substantivo, substância

Noemi Jaffe

Na prosa de João Guimarães Rosa, as palavras têm um valor espacial próprio da poesia e o sertão não é simplesmente um lugar, mas uma época

Uma das mais importantes diferenças entre prosa e poesia – junto à ideia de que a poesia retorna (por isso o *verso*) e a prosa continua – é o fato de que, na primeira, as frases se unem mais por subordinação e, na segunda, por coordenação. Na prosa, a importância de uma *trama* já explica, pelo próprio nome, a imbricação de histórias, hierarquias, caminhos e descaminhos, conflitos, tensões e distensões. E isso é fato tanto na prosa clássica como na contemporânea, mesmo que haja ausência do fator causa-consequência ou mesmo das formas tradicionais de abordagem do tempo, espaço, personagem e enredo. Ora, é o verbo que catalisa a ordenação da frase, para que possam ocorrer as conjunções subordinativas – *embora, apesar, contanto, se, que, a não ser que, como* etc. O verbo é o núcleo das orações, seu organizador temporal, pessoal e numeral. O verbo temporaliza o espaço, ou, dizendo com outras palavras, o verbo é o condutor das histórias.

Já na poesia, que talvez se possa definir por uma espacialização do tempo, o verbo não exerce o mesmo papel – quem ocupa esse lugar são os substantivos. Coisas surgindo como palavras, palavras surgindo como coisas, mais autônomas, menos dependentes de um núcleo centrífugo ou centrípeto. Cada artigo, pronome, preposição, num poema, tem valor também por si, independentemente de sua subordinação a uma hierarquia morfológica ou sintática. Dessa forma, pode-se exagerar e dizer que quase todas as classes de palavras, num poema, são espécies de substantivos, em função de sua autonomia semântica e sintática.

Esse efeito, de maior subordinação na prosa e maior coordenação na poesia, faz com que, entre outras coisas, a prosa gere mais sensação temporal, e a poesia, por sua vez, mais sensação espacial. Na poesia, a linguagem quer coincidir com seu objeto, quer suprimir, ao máximo possível, a arbitrariedade do significante – e por isso ressalta íntegra, quase como coisa. Prosa e poesia: dinâmica e estática; dependência e autonomia lexical; tempo no espaço e espaço no tempo; trama na linguagem e linguagem em trama.

Como outros escritores cuja dimensão, em todos os sentidos, foge do apreensível, Guimarães Rosa tensiona, desagrega e reconstrói a descrição feita acima. Diz-se que o que ele escreve é prosa. Será? Uma prosa que surge diante do leitor como se o espaço-sertão-mundo brotasse do chão das palavras. Não se contam histórias, ou contam-se histórias que são como objetos que se podem pegar. Tempo espacial ou espaço temporal, em que o sertão não é simplesmente um lugar, mas uma época, e o tempo em que se passam as histórias é determinado pela geografia física e imaginária. Língua brasileira inventada, língua como experiência de leitura e de mundo, como desautomatizadora da própria língua.

Penso que uma parte considerável do efeito poético de sua prosa está no fato de o autor reiterar o que se poderia chamar de efeito de "desverbalização" de suas orações, assim transformando o particular e o geral de suas histórias em grandes ou pequenos substantivos e/ou em séries mais coordenativas do que subordinativas. Isso faz com que as coisas aconteçam mais por parataxe, numa relação sintática de independência entre as orações, do que por hipotaxe, em que as orações mantêm dependência umas das outras, criando a sensação de estarmos diante de uma geografia dinâmica, ou diante de coisas-palavras que, estranhamente, agem. Poesia que proseia.

Em "Substância", conto de *Primeiras estórias* que descreve a quebra da mandioca para transformá-la em polvilho (o que corresponde à substância da mandioca), Maria Exita e Sionésio protagonizam uma história de amor. Ele é proprietário de uma fazenda de polvilho, a Samburá, e sua atitude para com a propriedade, o trabalho e a vida é típica de um grande proprietário: preocupa-se com a azáfama, com a qualidade do polvilho (o mais alvo e melhor de toda a região), com a inspeção constante dos trabalhadores, a ampliação dos ganhos e das terras, a modernização dos equipamentos; explora os trabalhadores; e praticamente não cuida de vida pessoal alguma. Sua vida é a faina.

A ELA —
A ÚNICA MARIA
NO MUNDO;

A velha Nhatiaga (espécie de Tirésias rosiano), num gesto generoso, traz Maria Exita para a fazenda. Filha e irmã de pessoas suspeitas (loucos, doentes, ladrões), Maria é escalada para um dos piores serviços da Samburá: quebrar as grandes pedras de polvilho, à luz do sol, quando tudo se faz branco – o que corresponde à essência/substância das cores. Mas nada parece incomodá-la, e ela encara o polvilho e a luz com alegria. Ocorre que poucos ousam aproximar-se dela, por medo de que seus parentes venham buscá-la, ameaçando o pretendente, ou por temê-la louca, herdeira de doença familiar. Depois de muito observar Maria Exita, Sionésio, numa de suas expedições pela fazenda, a vê na quebra da mandioca, à luz do sol do meio-dia, e se surpreende com sua beleza e galhardia no trabalho duro. Começa a pensar na moça, recusa a ideia, com os mesmos receios de todos, vai às festas para conferir se ela é "moça fácil", decide esquecê-la, mas, num repente (como tudo o que acontece de fato nas histórias de Rosa), pede sua mão, num dos diálogos mais bonitos da literatura brasileira, que vale ser reproduzido aqui, na íntegra: "'Você, Maria, quererá, a gente, nós dois, nunca precisar de se separar? Você, comigo, vem e vai?' Disse, e viu. O polvilho, coisa sem fim. Ela tinha respondido: 'Vou, demais'."

A substância, na filosofia e nas ciências do espírito, é "aquilo que subsiste por si", "que se mantém permanente diante dos acidentes e circunstâncias", "a realidade suprema que não necessita de qualquer outra para existir", "a essência de algo" e, segundo Roman Jakobson, "a matéria do signo linguístico: a matéria sonora do significante e a matéria conceitual do significado". Pode-se dizer que a substância é aquilo que se mantém, mesmo depois que a matéria se transforma.

Em "Substância", o leitor é colocado e instado a colocar-se diante da própria substância, como palavra e como objeto tornados indissolúveis: a substância da língua, o substantivo; a substância da mandioca, o polvilho (em que a mandioca se transforma, mas sua essência se mantém pura e alva); a substância da luz e da cor: o branco; a substância dos sentimentos: o amor, que transforma o caráter de Sionésio; a substância das ciências: a alquimia; a substância do tempo e da vida: a transformação, em que tudo muda, mas em que tudo se mantém.

Já na segunda oração do conto, lê-se uma construção constante na obra de Guimarães: o isolamento de um substantivo entre travessões, pontos e vírgulas e parênteses, como para torná-lo autossuficiente: "Do ralo às gamelas, da masseira às bacias, uma polpa se repassa, para assentar, no fundo da água e leite, azulosa – o amido – puro, limpo, feito surpresa".

Essa técnica faz ressaltar o objeto de que se fala, como que alterando seu relevo, e, ao fazê-lo, sua percepção pelo leitor torna-se mais material e autônoma. Na própria frase, o uso de verbos é mínimo, recorrendo-se aos substantivos e adjetivos para exercerem o papel ativo. Dessa forma, o amido salta como coisa em si, ideal e até inesperada ("feito surpresa"), apesar de o trabalho ser rotineiro e supostamente automático. Pelo isolamento do substantivo, depurado e depurador, também os adjetivos que o seguem ("puro, limpo") e a locução adjetiva ("feito surpresa") tornam-se também como que magicamente isolados, por efeito de contágio. "Puro" passa a ser *a* pureza; "limpo", *a* limpeza, e "feito surpresa", o próprio espanto com o resultado do processo.

Logo depois, na primeira caracterização de Maria Exita, assim que Sionésio nota a moça, aparece: "Ela, flor". A supressão dos verbos de ligação é também recorrente na linguagem rosiana, bastando a aproximação de dois substantivos, mediados apenas pela pontuação, para associá-los, formando-se uma espécie de metáfora antimetafórica, porque os dois termos, sem o verbo, ganham paridade concreta, quase perdendo a carga representativa de "flor" em relação ao pronome "ela". O verbo de ligação, aqui, funcionaria como um organizador hierarquizante da semelhança que se cria entre "ela" e "flor", dois substantivos tornados substâncias. O termo "verbo de ligação" é, aliás, curioso. Verbos como "ser", "estar", "haver", "permanecer" são ontologicamente essenciais a uma língua e ao pensamento humano, mas de um ponto de vista gramatical exercem uma função apenas conectiva, já que sujeito e predicativo, ou substantivos e adjetivos, cumprem por si mesmos a função denotativa e/ou conotativa, cabendo ao verbo simplesmente ligar ou temporalizar. Em hebraico, árabe e russo, por exemplo, não se usam verbos de ligação no tempo presente. Rosa faz não mais do que dispensar o que, de alguma forma, já é dispensável, conectando assim muito mais aquilo que o verbo de ligação, no lugar de ligar, separou.

Em seguida, para expressar quais eram, até então, as preocupações de Sionésio e o tipo de polvilho de sua fazenda, o conto diz: "Para a azáfama – de farinha e polvilho. Célebres, de data, na região e longe, os da Samburá." Nessas duas orações, a pontuação é que exerce o papel verbal; o travessão e as vírgulas, sempre aos punhados. A pausa, mesmo o tropeço, desbanalizam a leitura e a compreensão lexical e sintática, processando estranhamento e uma compreensão de alguma forma retardada, rítmica e mais intuitiva. Vemos que, na segunda oração, o substantivo principal ("polvilho") também está ausente ("os da Samburá"). Mas é justamente pelas lacunas que ficamos sabendo várias informações: que ele é célebre, produzido há muito tempo e reconhecido na própria Samburá e também longe dali.

Assim como o amido, logo acima, isolado pelos travessões, na sequência surge um exemplo de frase muito marcante na obra do autor: "Maria Exita". Será difícil encontrar algum texto seu em que essa construção – uma oração constituída apenas de um substantivo – não apareça, seja como nome, fenômeno da natureza, sentimento ou pensamento. A coisa em si, substantivada e sozinha, prescindindo de qualquer predicado ou verbo. Um bloco estático, mas ativo, fazendo do nome da coisa ou da pessoa uma entidade íntegra e transtemporal.

Seguindo adiante, uma sequência de orações vai, junto às frases verbais, dando continuidade aos acontecimentos, mantendo a alternância entre dinâmica e estática e conferindo ao conto o caráter poético e anti-hierárquico das frases nominais: "Menos por direita pena; antes, da compaixão da Nhatiaga";

ELA — ELA!; O POLVILHO, COISA SEM FIM;

"Se a meio-galope, se a passo, mas sôfrego descabido, olhando quase todos os lados"; e "Apenas, por prazo, em incertas casas, onde lhe dessem, ao corpo, consolo: atendimento de repouso".

Após diversas outras orações semelhantes, surge (e creio ser esse mesmo o verbo para designar o que ocorre, um surgimento) o fato que vai alterar a atitude conhecida de Sionésio, que passa de acumulador a amante: "E a beleza. Tão linda, clara, certa – de avivada carnação e airosa – uma iázinha, moça feita em cachoeira." De que fala o narrador aqui? Dela, do polvilho? Dos dois, certamente. O que se está a ler? Prosa ou poesia? E por que isso não é exatamente prosa? Em grande medida porque aqui não há verbos. São todos termos coordenados pela conjunção "e", pelos pontos-finais, pelo travessão e pelas vírgulas. E mesmo os adjetivos são, de certa forma, substantivados em seu sentido preciso e autossuficiente. A beleza e o amor, no pensamento neoplatonista de Rosa, e considerando-se o veio alquímico desse conto, são substâncias unas, ideais e transformadoras. Mais ainda, são correlacionadas. Faz todo sentido que, aqui, a beleza venha marcada por uma oração breve e nominal, apenas precedida por uma conjunção e um artigo. É ainda possível dizer, sem medo de exagero, que esse "e", que anuncia outros espaços e tempos precedentes, e que aparece tantas vezes em sua obra, também ganha uma força substantiva, como nos fortes exemplos de nominalidade que se seguem, efeito substantivador ou ainda efeito coordenativo da língua de Guimarães Rosa:

> Sua própria, tão firme pessoa? A imensidão do olhar – doçuras.
> [...]
> Tantos, na faina, na Samburá, namoristas;
> [...]
> Mas, no embaraço de inconstantes horas – as esperanças velhas e desanimações novas – de entremomentos;
> [...]
> A ela – a única Maria no mundo;
> [...]
> Nenhumas outras mulheres, mais, no repousado;
> [...]
> De um susto vindo de fundo: e a dúvida;
> [...]
> Ela – ela!;
> O polvilho, coisa sem fim;
> [...]
> Sionésio e Maria Exita – a meios-olhos, perante o refulgir, o todo branco;
> [...]
> Só o um-e-outra, um em-si-juntos, o viver em ponto sem parar, coraçãomente: pensamento, pensamor. Alvor.

Rosa vai processando uma alquimia substancial no som e no sentido, tornados coagentes; suprimindo os verbos, que expressam tempo, pessoa e número; isolando as palavras como frases completas; transformando verbos, particípios e pronomes em substantivos (*o refulgir*; *no repousado*; *a ela*); repetindo substantivos e/ou pronomes (*ela – ela!*); utilizando a pontuação para acentuar o significado dos substantivos (travessões, ponto e vírgula); rimando, predicando, juntando palavras com hifens ou sem; e, além disso tudo, usando até frases verbais com sentido mais substantivo do que propriamente temporal. Da mesma forma como Maria Exita transforma a mandioca em polvilho e a visão possessiva de Sionésio em liberdade amorosa, também o próprio conto, na sua forma narrativa, transforma o tempo em espaço, a hierarquia organizadora do verbo em paridade e a previsibilidade em surgimento espontâneo.

Isso faz com que as palavras ganhem em subitaneidade e instantaneidade, aparecendo como objetos mais do que como componentes frasais. Os principais fatos, cenas e revelações, na obra do autor, acontecem mesmo dessa forma – subitamente e "sem querer". É num rompante que o filho de "A terceira margem do rio" desiste de ocupar o lugar do pai; que Nhinhinha morre em "A menina de lá"; é sem querer que o burro e os poucos sobreviventes se salvam em "O burrinho pedrês"; é num segundo que a "hora do lobo" se revela em "A hora e a vez de Augusto Matraga". Paradoxalmente, a linguagem prepara o leitor para o estado ideal de distração, desabituado como fica com esse novo ritmo de leitura e expressão. São lugares – o sertão, que é o mundo – e um tempo em que a atenção das pessoas é outra, mágica e mítica. Nem tudo segue a lógica da causa e da consequência e, nesse pensamento, Nhinhinha morre porque quis um caixãozinho roxo e opera milagres não por interesse, mas porque quer ver o arco-íris. Numa subversão do nexo de resultados, em que o mais importante é o modo como se pensa e não o que se pensa, faz todo sentido que o substantivo ganhe valor igual ou maior do que o verbo. Como já foi dito, o verbo, como organizador central das frases, age dentro e de acordo com um pensamento binário de sujeito e predicado, causas e consequências, eu e outro, natureza e cultura, frases que se subordinam umas às outras. Suprimi-lo, claro que parcialmente, faz com que a narrativa escape, de certa forma, de uma trama verbal. Como na poesia.

E aqui, a partir do elemento de transformação operado por Maria Exita nas pedras e por Guimarães Rosa na linguagem, podemos recuar um pouco e pensar como "Substância" se relaciona com uma das paixões do autor: a alquimia, que se ocupa da substância da matéria. Dessa forma, é possível entender, de uma outra forma ainda, como a operação substantivadora de sua obra é também uma espécie de força alquímica da linguagem.

A base da alquimia é a noção e a prática da transmutação dos metais. Por meio de procedimentos de purificação, umedecimento, combustão, corrosão, destilação e outros, todos presentes na química moderna (que, a partir do nome, muitos dizem ser herdeira da alquimia), os alquimistas buscavam encontrar a

Pedra Filosofal, a imortalidade e transformar metais em ouro. Não tinham interesse utilitário, mas espiritual, também operando nesse processo uma outra forma de transmutação do manipulador alquímico – de "cientista" em eleito, de prático em sublime, de físico em transcendental, de duplo em uno. Transformar, para a alquimia, não é um processo exclusivo dos metais, mas de tudo o que compõe a manipulação: o metal, o operador, o entorno, de quem faz e de quem recebe, dos planos material e espiritual, dos dados espacial e temporal. Trata-se ainda de uma tarefa que, embora anímica, não pertence a alguma religião, mas possivelmente a todas ou qualquer uma.

Entre alguns dos princípios ativos da alquimia estão o mercúrio e o enxofre, que correspondem aos elementos feminino e masculino: o primeiro, passivo e volátil; o segundo, ativo e fixo. A realização alquímica ocorre somente pela fusão de dois princípios, igualmente relevantes, mas, sobretudo, opostos. Dos pares binários – corpo e alma, matéria e substância, céu e terra, vida e morte, noite e dia – faz-se o uno, pleno e total, como o "pensamento, pensamor", em que agem juntos razão e sentimento, Maria Exita e Sionésio, "demais". Água, fogo, terra e ar equivalem, na alquimia, a passagens entre os estados úmido, seco, frio e quente. Quente e seco é o fogo; seca e fria é a terra; fria e úmida, a água; úmido e quente, o ar. Nada, nesses quadrantes, é isolado. Ao contrário, trata-se sempre de processos e passagens, em que uma coisa leva necessariamente a outra, sempre em iminência de transformação.

Em "Substância" a água aparece logo no início: "Do ralo às gamelas, da masseira às bacias, uma polpa se repassa, para assentar, no fundo da água e leite, azulosa – o amido – puro, limpo, feito surpresa". Logo em seguida, o narrador diz que "a ele, Sionésio, faltavam folga e espírito para reparar em transformações". Acumulador, "era um espreguiçar-se ao amanhecer para poupar tempo no despertar", Sionésio não tinha preparo para a alquimia. De início, ele era "a pessoa manipulante", mas não tardará para que seja ele o manipulado, pronto para a própria transformação.

Ainda no primeiro parágrafo, o conto fala de maio, o "mês-mor – de orvalho". O orvalho é tido como importante operador alquímico, e maio, como o único mês em que os alquimistas podem colher orvalho do céu. Quanto à Maria Exita, "a sorte lhe sarapintara de preto portais e portas". Sua mãe desaparecera de casa, tinha um irmão na cadeia e o outro foragido e seu pai estava em um lazareto. Por piedade, a Nhatiaga a levara para a Samburá, mas, por lá, deram-lhe o serviço mais pesado de todos: a quebra das pedras de polvilho, possivelmente aqui representando a terra. Nesse ponto, interpretando-se o conto alquimicamente, lê-se a passagem do estado do nigredo (a matéria vil e corruptível) para o albedo (a matéria pura e nobre). Do preto para o branco, do passado suspeito para a pureza do polvilho, passando pela faina e pelo sofrimento, com serenidade, para finalmente chegar à Beleza – absoluta. Portanto, também Maria Exita, a que transforma, passa ela mesma por uma transformação.

Tudo isso se dá a partir do processo de rubedo (vermelho), ou pela luz do sol, que representa o fogo, diante da qual Maria Exita reage sem ofuscamento, enrugamento da vista ou incômodo. O sol vermelho age sobre ela e sobre a pedra do polvilho, clareando-as ainda mais e também a Sionésio. Mas os olhos dela eram de "outra luminosidade", como se sua luz proviesse de um lugar não nomeável.

A essa altura, Sionésio passa a amá-la *mais ou menos*: está em curso o processo de transformação e individuação na direção do amor, o mais sublime dos sentimentos, que ainda exigirá tempo para se completar. Sionésio passa a segui-la, desconfiado, frequentando festas, para observar se ela é "doidivã". Mas "Maria Exita era a para se separar limpa e sem jaças, por cima da vida", igualzinha ao polvilho que quebrava. Ela, na verdade, "servia" o polvilho, "a massa daquele objeto", ou, ainda, sua substância, "a ardente espécie singular".

Sionésio passa pela insônia, questiona a própria sanidade, quer pôr beiras em seus sonhos de amor, que ainda se confundem com posse. Entre dúvidas e incertezas, o que clareia seu pensamento é o polvilho: "Ainda que por instante, achava ali um poder, contemplado, de grandeza, dilatado repouso, que desmanchava em branco os rebuliços do pensamento da gente, atormentantes. A alumiada surpresa. Alvava."

Tudo se prepara, na história e na linguagem, para o surgimento espontâneo do grande amor, o único e verdadeiro, e o pedido de, juntos, irem e virem e de "nunca precisar de se separar". E, juntos, diante do alvor do dia, dentro da luz, os dois avançam, como "no dia de todos os pássaros", finalmente representando-se o último dos elementos, o ar, e atingindo-se a matéria nobre: o ouro, a imortalidade (para sempre), o espírito puro, a fusão dos opostos.

Mas onde entraria o efeito de substantivação nessa análise do conto pela via alquímica?

Os alquimistas utilizavam uma linguagem hermética, dificilmente acessível, para se resguardar de censura, perseguição religiosa e política e desconfiança popular, mas também por princípio de confidência, sigilo e proteção de suas práticas – e também, é claro, pelo fato de a alquimia ser considerada uma operação da ordem do simbólico e do sublime. É o chamado hermetismo, aqui de caráter totalmente intencional. Na alquimia, tudo quer dizer, no mínimo, mais de uma coisa. As palavras representam a si mesmas e a outras, formando uma rede de significados e significantes inter-relacionados a serem decifrados por iniciados e pelos muito interessados. Cada elemento químico, cada elemental, cada procedimento e pessoa valem por si e por outros, em permanente estado de combinação e passagem.

Afinal, não é assim a língua criada por Guimarães Rosa, também hermética, no sentido de iniciada, também multirrepresentativa e também em condição de rede de combinações e multiplicidades? Não são as palavras, em sua obra, válidas não somente como pontes para a comunicação, mas também por si mesmas, ou seja, não somente como meio, mas também como fim? Nela coincidem meio e fim,

SIONÉSIO E
MARIA EXITA —
A MEIOS-
OLHOS,
PERANTE O
REFULGIR,
O TODO
BRANCO;

SÓ O UM-E-
OUTRA, UM
EM-SI-JUNTOS,
O VIVER EM
PONTO SEM
PARAR, CORA-
ÇÃOMENTE:
PENSAMENTO,
PENSAMOR.
AMOR.

significante e significado, símbolo e coisa simbolizada, numa tentativa de se atingir um momento ideal de encontro, prévio a alguma separação perdida no tempo, quando o ser que nomeia teria se separado, pela palavra, da coisa nomeada.

Nos termos dessa interpretação essencialista, própria do autor, a palavra verdadeira e mais próxima do absoluto buscado seria o substantivo – substância da língua.

E se isso ocorre em toda a obra rosiana, em "Substância" é precisamente disso que se fala. É como se o conto fosse, ele mesmo, com sua "estória" (que toma o lugar da história) e sua linguagem, um procedimento alquímico, transformando os personagens, os sentimentos, mas também o leitor. Essa transformação ocorre pelos acontecimentos lidos, mas também, e de surpresa, pela linguagem com que ele precisa se confrontar. Suas pausas, seu ritmo, pontuação, estranhamento e reconhecimento, prosa poética, inverossimilhança verossímil, multiplicidade de significados, intertextualidade, simbolismo e, de acordo com o que interessa a este ensaio, desverbalização ou substantivação. Trata-se de um estado da língua, por assim dizer (como se fosse um estado da matéria), em que se subvertem a hierarquia, a lógica clássica e a funcionalidade da língua comunicante, recorrendo-se àquilo que a língua tem de mais puro e primeiro: o substantivo.

As palavras não têm função apenas atributiva, instrumental, mas funcionam também como "nome" – outra designação, aliás, para substantivo. O nome, diferentemente das outras palavras, relaciona-se mais com as ideias de totalidade, não finalidade, unidade e simbolismo, reduzindo o que há de arbitrário nas palavras em geral. Pode-se dizer que um dos projetos de Rosa é o de diminuir até onde for possível a arbitrariedade dos signos, transformando-os todos, idealmente, em nomes próprios e singulares.

Na *Monadologia*, Leibniz diz que "este vínculo ou esta acomodação de todas as coisas criadas a cada uma e de cada uma a todas as outras, faz com que cada substância simples tenha relações que exprimem todas as outras e seja, por conseguinte, um perpétuo espelho vivo do universo". É pelo vínculo, acomodação e interconexão das partes e das partes com o todo, reciprocamente, que a substância surge como espelho permanente do cosmo, refletindo-o e sendo nele refletida.

Pela substância e pelos substantivos rosianos, tornamo-nos, cada um, Maria Exita e Sionésio, e a pedra bruta que enfrentamos todos os dias pode se transformar em polvilho alvo para que, cada um e todos, juntos, cheguemos a viver o "dia de todos os pássaros".

Noemi Jaffe (1962) é escritora e crítica, autora de, entre outros, *A verdadeira história do alfabeto* (2012), *Írisz: as orquídeas* (2015) e *Não está mais aqui quem falou* (2017), todos publicados pela Companhia das Letras. Coordena a Escrevedeira Centro Cultural Literário, em São Paulo.

Objetos literários, modos de usar

Fabrício Corsaletti

cinzeiro/boia salva-vidas

para leitores de
Julio Ramón Ribeyro

xícara de chá para leitores de Szymborska

CAFETEIRA ITALIANA PARA LEITORES DE LUCIA BERLIN

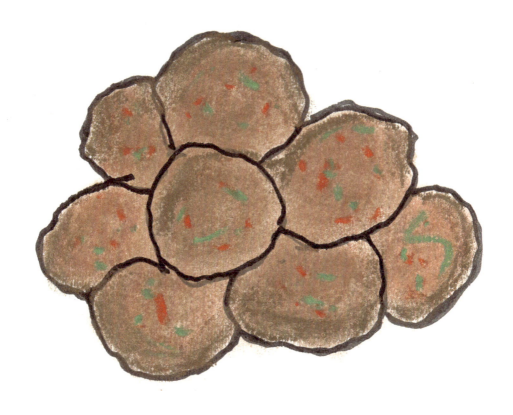

ALMÔNDEGAS PARA LEITORES DE KARL OVE

ROMÃ DO QUINTAL

PARA LEITORES DE

GARCÍA LORCA

CABELEIRA ALMISCARADA
PARA LEITORES DE
BAUDELAIRE

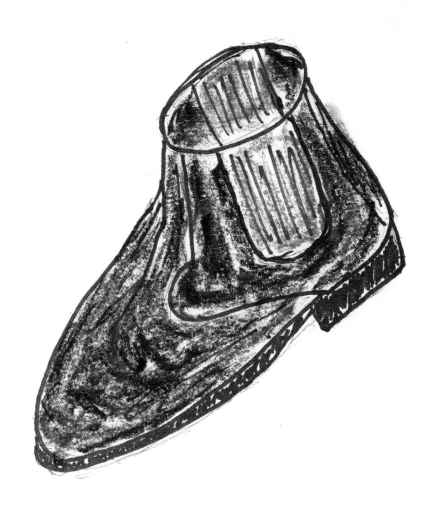

BORZEGUIM PARA LEITORES DE RADUAN NASSAR

ABRIDOR PARA LEITORES DE BUKOWSKI

TONEL DE CACHAÇA PARA LEITORES DE LIMA BARRETO

MACHADINHA PARA LEITORES DE DOSTOIÉVSKI

CANIVETE FRANCÈS
PARA LEITORES DE
JACK KEROUAC

CASACO DE LÃ ARGENTINO
PARA LEITORES DE CORTÁZAR

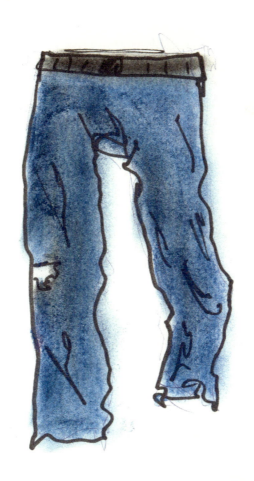

CALÇA ANDARILHA
PARA LEITORES DE
RIMBAUD

BOLA 8 PARA
LEITORES DE
JOÃO ANTÔNIO

OVO FRITO PARA LEITORES DE ORIDES FONTELA

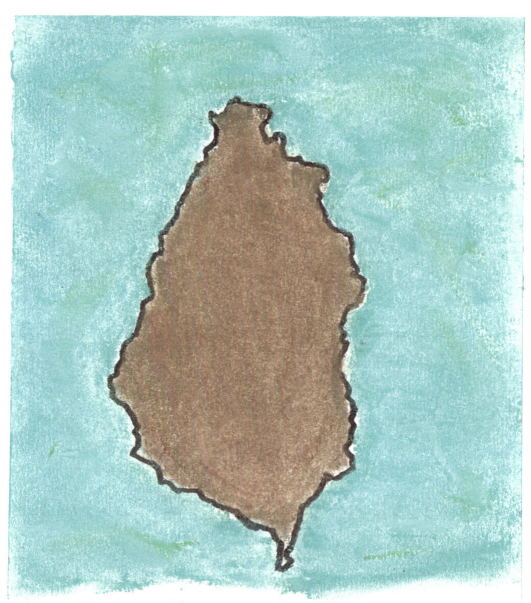

MAPA DA ILHA DE SANTA LÚCIA PARA LEITORES DE DEREK WALCOTT

No traço de FABRÍCIO CORSALETTI (1978), um cinzeiro não é um cinzeiro – tampouco uma machadinha ou um mapa se esgotam em seu enunciado e concretude. Para o poeta nascido em Santo Anastácio (SP) e radicado em São Paulo, literatura é deformação profissional, está em todos os lugares. Natural num poema, a transfiguração das coisas é surpreendente nos desenhos de Corsaletti. E tanto mais surpreendente porque se faz pela superposição da figura simplificada e fora de contexto a uma frase que tem jeito de legenda, mas é uma sugestão – ou instrução – para um leitor em potencial. Quando se joga o jogo proposto pelo poeta de *Esquimó* (2010) e *Baladas* (2016), é impossível saber se cinzeiro lembra Julio Ramón Ribeyro ou se é o escritor peruano que nos leva ao objeto que, para ele, era também uma boia salva-vidas. E assim fica mais fácil, quase natural, entender que um cinzeiro, definitivamente, jamais foi um cinzeiro.

Cinco pintores leitores

Matías Serra Bradford

Cercados por livros e imersos em citações, artistas formam uma linhagem idiossincrática que se define pelo gesto entre o traço e a caligrafia

R.B. Kitaj
I and Thou, 1990
© R.B. Kitaj Estate

Muitas vezes, os leitores mais interessantes habitam esferas alheias à literatura. São leitores que ainda não profissionalizaram o hábito, não converteram o gosto em fonte de remuneração, vaidade ou prestígio fácil e frágil. São meros leitores incondicionais. A devoção intacta é uma virtude que conservam melhor aqueles que se dedicam a outras artes, como o pintor e bibliômano R.B. Kitaj, a quem sobravam palavras como sobravam cores. Sobretudo quando falava sozinho: preferia responder por escrito. Há povos entre os quais se condenava à morte quem visse um artista com as mãos à obra. Talvez por isso Kitaj respondesse a Julián Ríos por carta, à distância, pois quem faz perguntas a um pintor sempre fala demais, movido por um desespero apaixonado – e esse desespero se nota mesmo nos críticos que melhor perguntam, como David Sylvester diante de Francis Bacon –, a fim de tentar arrancar palavras de um artista cuja obra se nutre de um mutismo que talvez seja a chave para essa "vida secreta" dos quadros que Kitaj buscava cultivar.

Os livros de arte são os livros mais silenciosos, mais sigilosos; ninguém os comenta, ninguém os lê (nem com assiduidade, nem de modo convencional). Fazemos uso deles: são mutilados, são manchados. *Impressões de Kitaj* é um livro que se vê e se lê, se copia e se sublinha. Inaugurou um subgênero ainda à espera de continuadores. Kitaj usava a literatura como um pássaro ladrão que se julga capaz de dar nova vida aos restos que rouba. (Seria possível imputar a decadência da qualidade artística geral ao fato de que são cada vez menos numerosos os pintores que leem?) Leitor de Kafka e Walter Benjamin, de Cioran e Harold Bloom, mas também do Barão Corvo e de M.P. Shiel, em seus quadros e em suas epígrafes irrompem referências e alusões que desestabilizam o silêncio. A imagem dá a mão à palavra, como suplicava Aby Warburg, um de seus inspiradores. Kitaj dava novos títulos a seus quadros ou então os associava a novos textos a fim de "contribuir para deixar aberta a questão de se 'terminar' uma obra".

A obra pictórica de Kitaj está povoada de tomos: "Para mim, os livros são como as árvores para um paisagista". E Kitaj encontrou, como Gwen John, o modo de retratar alguém entregue ao ato de imaginar: no ato de ler. Como se tivesse aprendido a sonhar cenas com os livros e escritores que relia. Mas as criaturas de Kitaj não são apenas leitores ou poetas. Para chegar mais perto da potência dos livros, quis converter-se em criador de personagens hipotéticos, de ficções potenciais: o orientalista, o frequentador de cafés, o sensualista, o cabalista, o navegante. Anjos, prostitutas, judeus errantes. Talvez fosse isso o que Kitaj invejasse aos romances: personagens. Daí que embarcasse na confecção de um elenco próprio: "Pode-se dizer que os melhores pintores criaram personagens. De Michelangelo a Picasso: santos, pecadores, idiotas, anjos, deuses." Seus quadros têm sobrenome, e Kitaj foi repreendido por encher a boca de nomes. Ali onde outros quiseram ver uma incontinência nominal, Kitaj exercitava a devoção, a homenagem como modo de ressurreição profana, enfrentando, a rigor, as mesmas dificuldades diante de um rosto verdadeiro ou ideado.

Os rostos de Kitaj estão entre os mais curiosos da segunda metade do século 20. Ele desenha rostos estranhos ou rostos perfeitos. Uma chave possível: uma boca enigmática. Como rastros do cruzamento de arte e literatura, os planos irrompem uns nos outros. Ao fundo, cores divididas geometricamente, como para equilibrar o fascínio demencial de certos rostos – em preto e branco, para um acesso mais direto a uma história. Alguns desses gestos bastaram para lhe abrir caminhos inéditos na arte e talvez, no futuro, também na literatura.

Os quadros de Kitaj nunca terminam, coisas continuam a aparecer, como se surgissem pela vontade dos personagens inventados. Ou, senão, com o autor já definitivamente fora de cena, cabe a uma testemunha de boa vontade a tarefa de prolongar essas obras.

Há um gênero de retrato que não provém de uma encomenda ou de um dever cortesão e que nasce do desejo soberano do pintor de se aproximar de outrem com o olhar desvelado. É no âmbito desse gênero que se formula melhor a pergunta sobre o que leva ao retrato: o respeito pelo trabalho alheio, a admiração, o afeto, a singularidade de uma anatomia, a beleza de um rosto, apenas? A pergunta não irradia menos energia quando dirigida ao autorretrato. Inútil reclamar uma razão quando só podemos captar indícios: o momento de certa idade, uma tarde e sua luz, o olhar extraviado do modelo. Tudo isso em circunstâncias que contribuem para a realização de um retrato e que desaparecem discretamente ao seu término. Em fins de setembro de 2007, talvez porque quisesse conhecer melhor o rosto do pintor de que mais gostava, decidi interrogar Kitaj sobre essa e outras questões, por carta. A resposta chegou – sem que eu o soubesse naquela manhã – dois dias depois de sua morte, com letra clara, redonda, em tinta vermelha sobre papel amarelo pautado. "O que o leva a pintar o retrato de alguém?" "Mais que tudo, eu gostaria de retratar o que nunca antes foi retratado", consignou em tinta vermelha.

Nos quadros de Kitaj, as figuras entram e saem incógnitas, são vistas pela metade, e perdura no ar a intriga sobre o que estarão olhando. Não é por acidente que muitas delas usam véus ou têm os óculos embaçados. As pinturas de Kitaj são misteriosas *per se*, não cabe nunca às alusões ou referências literárias e cinematográficas sustentar o enigma ou conferir-lhe algum prestígio abstrato. Como acontece com seus admirados Bonnard, Hopper e Balthus, suas pinturas gozam de uma legítima aura de reserva e evasão, um ressaibo de mentiras piedosas.

Kitaj traçou infinitos retratos, e, todavia, é como se sua posição (isto é, a dos modelos) tivesse permanecido constante ao longo dos anos. Mais além da sequência e dos intervalos em que foram realizados, os modelos parecem ter chegado todos a um só tempo. São tantos os retratados que, para tomar emprestado uma expressão do cinema, poderíamos pensar em Kitaj como um biógrafo de uma tomada só. "Por que se animou a retratar Wittgenstein?" "Porque gosto de pensar nele, em sua vida peculiar e estranha." Seu elenco inclui atores, prostitutas, refugiados, amizades, parentes, pintores, cineastas, críticos: em primeiro lugar, Cézanne e Kafka, mas também Degas, Warburg, Gombrich, Richard Wollheim, John Ford, Peter Lorre, Robert Donat, Michael Powell e Kenneth Anger, e ainda poetas como Auden e Pound, Charles Olson e Ed Dorn, Basil Bunting e Michael Hamburger, Paul Blackburn e Kenneth Rexroth, Robert Duncan e Robert Creeley. O pintor, leitor reincidente, quer desmascarar o rosto de seus autores prediletos.

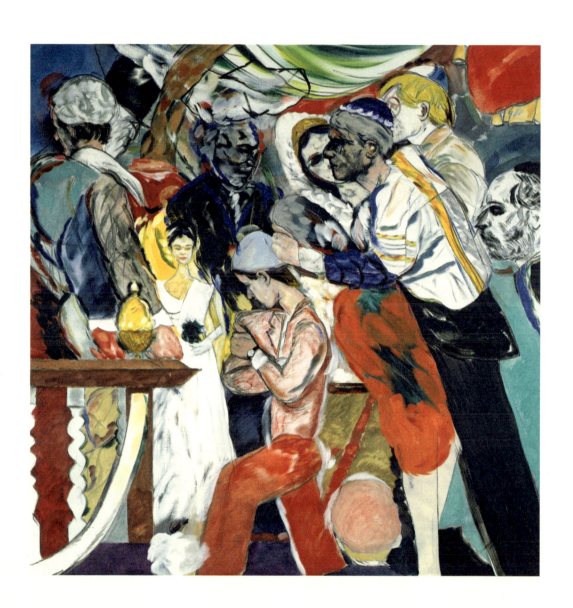

Um de seus retratos mais inescrutáveis é um autorretrato. E não é difícil ceder ao influxo de um quadro como em *I and Thou*, no qual não se sabe bem, afinal de contas, o que está acontecendo. Esse pai – ele escreve ou desenha? O filho – está olhando para baixo, seguindo o movimento da pluma que o pai segura, ou dormindo? O pai – está ensinando ou mostrando uma conta complexa ou uma palavra em outro idioma, enquanto o filho luta contra o tédio e a resistência que esse tédio cria contra tudo que provenha do pai? Essa é uma imagem que mesmo Kitaj, que especialmente Kitaj (obstinado exegeta da própria obra, como não houve outro na história da arte), não saberia ou não gostaria de elucidar. *I and Thou* condensa alguma coisa cujo nó se desconhece, cujo núcleo talvez seja, precisamente, a questão do desconhecimento, aquela espécie de desconhecimento que só pode se dar entre pai e filho.

Qual terá sido o estado em que Kitaj compôs esse quadro, ou qual terá sido o estado prévio, o que provocou o quadro? A obra parece contradizer o que declarava o crítico Adrian Stokes: "Levei muitos anos para descobrir que a arte não era uma espécie de advertência". Mais do que a seu filho, que espécie de advertência Kitaj fazia a si mesmo como pai? É provável que seja a contenda entre os elementos estéticos do quadro – sua composição, a natureza das linhas, a posição e a superfície que cada cor ocupa – que guarde sob sete chaves seu significado final.

Seria o caso de contrastar esse retrato com outro que Kitaj pintou de outro filho, lendo numa cadeira de balanço, de perfil, com a pálpebra a meio-mastro; não são poucos os segredos da arte que se localizam num ponto equidistante da conversa entre duas ou três obras (a mulher de Kitaj, a pintora Sandra Fisher, deixou um quadro intitulado *Max Reading*). Entretanto, *I and Thou* – "Eu e tu", dito arcaica e veneravelmente – devolve esses dois seres próximos ao anonimato. Ao momento em que não se é ninguém: rostos de estação de trem, gente com quem se partilhará uma viagem e que talvez não voltemos a ver. Pode-se estudá-lo numa reprodução em preto e branco, numa escala que não é a real. Como quase sempre, não vemos um quadro, vemos uma foto de um quadro. Mesmo assim, o raio chega ao alvo: a identidade vibra como só acontece na presença de um filho.

Ao fim e ao cabo, *I and Thou* vem a ser, igualmente, um autorretrato com escolha (e esse quadro dialoga transversalmente com outro de Kitaj, *Father Reading* Tom Sawyer *to His Son*). Mestre da

R.B. Kitaj
Wedding, 1989-1993
© R.B. Kitaj Estate
Foto: © Tate, 2019

máscara, Kitaj pai se transforma no estranho indiscutível, final. Quais ficções denunciam ou escamoteiam, entre si, os incontáveis autorretratos de Kitaj? Que ordem de *informação* nos oferece o autorretrato de um pintor, que confidência estética, moral? Kitaj também foi retratado por seus comparsas David Hockney e Frank Auerbach, outros dois leitores compulsivos. As escolhas literárias de Hockney – que retratou fielmente Auden, Isherwood e boa quantidade de cúmplices – giravam em torno de Proust, dos *Três contos* de Flaubert e das cartas de Van Gogh. As de Auerbach – que parece necessitar de um modelo para criar um rosto imaginário – inclinaram-se para a poesia, para Yeats, Auden, Hardy, George Barker, Stephen Spender, autor que costumava recitar para seus modelos.

O retrato constitui, com efeito, o álbum de família da história da pintura. (Um momento único nessa genealogia produziu-se quando o ensaísta e pintor Adrian Stokes, ao fim de sua longa análise com Melanie Klein, decidiu, por gratidão, encomendar a William Coldstream um retrato da terapeuta, quadro que ela fez destruir, uma vez que perpetuaria uma imagem com a qual estava "em desacordo".) Esse álbum de família disfuncional poderia ser adaptado, com alguns cortes, ao cinema: de uma varanda de primeiro andar, se possível num lugarejo das ilhas Baleares, veríamos desfilar uma procissão em que cada peregrino teria o rosto de um pintor tal como este quis ou pôde retratar a si mesmo.

—

Um pintor da ilha de Mallorca busca imagens verdadeiras para pintar – e que o pulso trema diante do objeto, não diante da palavra *verdadeira* – da mesma forma como Werner Herzog busca essa espécie de imagens para filmar: longe. Como se *longe* significasse outra coisa: *dentro*. O mundo de Miquel Barceló é um mundo interior vertido para fora e povoado por animais. A exemplo das paisagens para cegos, seu mundo tem uma qualidade tátil que, como acontece com todos os pintores – não necessariamente espessos ou gestuais – que a possuem, esfuma-se quando vista em reprodução.

Esse cartógrafo e navegante indômito é um pintor de outro século: pinta quadros, pinta durante suas viagens, redige diários. Basta pensar em Delacroix, Beckmann ou Klee para que

Miquel Barceló
Jeune mère avec la jupe à carreaux,
2004
© Barceló, Miquel/ AUTVIS, Brasil,
2019. Foto: © Galeria Bruno
Bischofberger, Männedorf, Suíça

nos perguntemos quanto perde um pintor sem diário, sem cadernos. Assim como Herzog, Barceló é um escritor caprichoso, intermitente, extremo: "Como na tourada, não se pinta com ideias... Ao fim e ao cabo, o exercício é simples, como um pássaro comendo formigas no oco de um crânio", anotou. Aqueles cujo ofício consiste em olhar escrevem de modo mais violento, são destros na arte de documentar cenas mudas: "No xarope verde flutuam lótus, aves do paraíso, pavões roxos, flores e pássaros cujo nome ignoro. Árvores enormes como nuvens, sempre aos pares. De dois em dois."

Barceló narrou melhor ali onde pintou melhor: no continente africano. Em *Cuadernos de África*, ele escrevinha em defesa de sua pintura: "Escrevo demais, escrevo todas essas tolices para poupá-las à pintura". Escrita e pintura firmaram um pacto como entre mãos gêmeas que a qualquer momento vão se trair mutuamente. Sua letra não é a de um calígrafo – Barceló tem uma crença intransigente no imperfeito e no acidental –, e sua mão direita não tem traço: são aproximações, pigmentos tão dúcteis quanto ariscos, que buscam refundar a ideia de traço. Impensadamente, põe-se a pintar o vento, faz correr rios de tinta.

Barceló declarou que precisa começar a pintar com uma base ou camada já disposta, não consegue arrancar com a tela em branco. Podemos nos atrever a sugerir que alguns de seus quadros não poderiam ter sido pintados sem que os precedesse uma leitura. Um livro serve de canoa: Faulkner, Dickens, Pla, Lezama, Cernuda, Norman Lewis ou Marco Aurélio. A voracidade de Barceló é a de um urso ferido: o leitor insaciável, primitivo. Outro pacto, já mais secreto: as leituras fortalecem o desenho de suas linhas. Esse porco-espinho de pelo raspado herdou a biblioteca de seu amigo Paul Bowles, e seus retratos de bibliotecas capturaram a concentração da leitura, seu ensimesmamento noturno, a pressão que exercem os livros que esperam a sua vez.

Em *Cuadernos del Himalaya* – o lado B de *Cuadernos de África* –, Barceló parece um missionário que parte para o Oriente a fim de converter a si mesmo. Poucos pintaram a chuva como Barceló, a tempestade no mar, barcaças, caveiras, cabras crucificadas, frutas em decomposição, polvos decapitados, corridas de touros. Um burro de costas, revelado em sua sombra. A água e seu repertório de locações: aquários, frascos em que flutua um bulbo, potes de pincéis afogados.

Uma das definições do trabalho de Barceló foi antecipada por um suposto cego, Borges: "Vacila entre a aquarela e o crime". Em boa parte da arte contemporânea, a mera enunciação de uma ideia torna supérflua sua execução. Barceló é o exato oposto, pura execução. Sua pintura faz pensar nesses encantadores de cães que os agarram pelo cangote enquanto olham direto nos seus olhos, para lhes mostrar de uma vez por todas quem domina quem.

Tudo começou com as nuvens que o pai lhe mostrava – e não terminou nunca. Foi esse o itinerário do pintor francês Odilon Redon: de um céu a outro, mais e mais escuro. Um quadro tem um modo de não concluir muito diverso daquele de um filme ou um romance. Nestes, há uma indicação clara – os créditos, a última frase –, e o leitor ou espectador segue adiante por conta própria – por sua conta e risco –, ponderando ou fantasiando sobre o que leu ou viu, amplificando seu alcance. Com uma pintura ou um desenho, o fim como tal não existe, não há ponto-final visível, localizável. A conversa com uma imagem não tem fim: um quadro tem todo o tempo do mundo. Daí, talvez, que os próprios pintores a prolonguem por outros meios, numa entrevista, num diário íntimo, até mesmo em ficções.

O que as palavras de um pintor fazem é rodear seus quadros, recriar um clima semelhante por outra via. Redon manteve diários e escreveu histórias, talvez para demonstrar que não dependia das palavras de terceiros, para que não o etiquetassem como mero ilustrador de textos alheios. Se o romance é um espelho à margem da estrada, as litografias de Redon para *A tentação de Santo Antônio*, de Flaubert, são um cristal deformante, fendido. À maneira de suas próprias histórias, mutiladas, incompletas. Fragmentos – é tudo o que se vê e se lê em Redon. Uma galeria de rostos miniaturizados, em estado de flutuação. Um tirano com vocação artística que serve cabeças num prato. Um jardim de inverno de degolados. Olhos fora de órbita, aparições. "Seres embrionários", assim os chamava o próprio Redon, como se a palavra "caricatura" tivesse encontrado uma resma de antônimos. Desenhos executados – em múltiplos sentidos – por um visitante assíduo do Museu de História Natural e do Jardim Zoológico de Paris.

A primeira coisa que se pode perguntar diante dos escritos de um pintor é se ali se associam – se emparelham – a voz escrita e as imagens assinadas de seu próprio punho. No caso de Redon, tem-se a impressão de que ele embarcou na ficção a fim de testar termos capazes de se aproximar de suas imagens. Produz-se uma comoção peculiar quando lemos alguém que desenhou e pintou seres como os que Redon criou: é assombroso que seu autor ainda possa falar – mesmo que por escrito – depois de semelhante cataclismo. Por mais de uma razão – sobretudo por seu modo de cortejar o irracional paralelamente na arte e na literatura –, Redon forma uma família com Alfred Kubin, Mervyn Peake, Leonora Carrington e Bruno Schulz.

De certa maneira, as histórias e os quadros de Redon redefiniram a ideia do incompreensível, e assim também sua vida foi piedosamente incompreensível, pontuada por uma obra gráfica hipnoticamente incompreensível e por escritos cuidadosamente incompreensíveis. Era um autêntico mestre do desconcertante: "A mais áspera das volúpias consistiria em possuir o ser mais sagrado

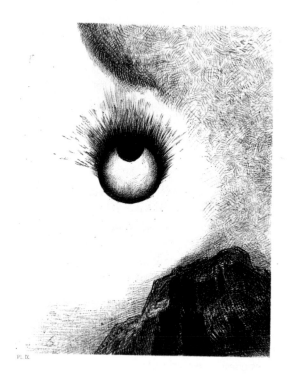

Partout des prunelles flamboient.

em meio a um deserto". Com Redon, comprova-se que da ingenuidade à iluminação há um só passo – e por um momento não se pode distinguir uma da outra. Em outro plano, trata-se do salto que a pintura pode dar entre a primeira e a terceira pessoa. E essa zona de "exílio no desconhecido" é uma definição possível do lugar da pintura, ponto de encontro e desencontro entre o humano e o sobrenatural.

Redon foi um sigiloso pintor e leitor; para ele um livro era, a um só tempo, exercício de sonhar lucidamente e registro desse mesmo estado. O modo como fala de seu colega delata que tinha plena consciência do que fazia. Faquir de terno, barbudo, inclinado sobre pincéis e lápis erguidos, em prontidão, Odilon Redon era uma criatura estranha, que se sentia à vontade entre criaturas idem. Via-se como o protagonista de uma fábula, talvez para poder acreditar com mais força em si mesmo ou para poder refundar-se e criar, apenas, a cada nova manhã.

—

Uma das ficções mais estranhas do século 20 não surgiu em forma de romance ou conto – ao menos não em suas aparências rotineiras. As histórias ilustradas de Edward Gorey são fabulações condensadas, telegráficas, com uma imagem por página e um brevíssimo texto para cada uma delas, ao pé ou ao lado, em folhas não numeradas. *Amphigorey* e as antologias subsequentes recompilam essas *nouvelles* em preto e branco – e, muito embora distorçam o espírito e a ordem das primeiras edições, pequenas e individuais, facilitam o acesso a um mundo de trevas miniaturizadas, de um surrealismo de sotaque saxão, tão cruento quanto delicado, que evidencia, de passagem, o caráter supérfluo de quase tudo o que pratica uma ficção esforçadamente contemporânea.

Crimes absurdos perpetrados por irmãs ciumentas ou solteironas suicidas. Um solitário que estuda uma partida abandonada de croqué. Outro que se dedica a criar leões e redigir um diário íntimo. Crianças perdidas ou vendidas. A frequência das mortes prematuras nessas histórias desenhadas parece dar a entender que o fim da infância pode se produzir sucessivas vezes, como se a infância, assim como os gatos que Gorey adorava, tivesse sete vidas.

Odilon Redon
Tentation de Saint Antoine, 1888

A arte do autor de *O curioso sofá* tem predileção por duas espécies de ocasião: a visita inesperada e o objeto desaparecido. Sua poética talvez esteja condensada, sob forma de enigma, em uma de suas pranchas: uma bicicleta que não se reflete na água de um lago. Gorey escrevia primeiro e desenhava depois. O leitor faz o caminho inverso: primeiro olha para a imagem e depois lê a epígrafe. A economia narrativa é extrema e altamente sugestiva. Às vezes, a passagem de um momento ao seguinte mais se parece com um salto no vazio. Quando Gorey sintetiza, ele não sai em busca do que se costuma tomar por essencial – em vez disso, encadeia episódios caprichosos. Como se a narrativa fosse conduzida por dois jogadores que, diante de um tabuleiro, cometem erros quase imperceptíveis, deliberadamente, para ver se os comentaristas notam ou não.

Bastam uns poucos exemplos para que logo se perceba que a montagem – chave-mestra de Gorey – pode criar seu próprio mistério. Em literatura, a montagem é um espectro e, como tal, um fator decisivo, impossível de discernir na totalidade de seu alcance – daí sua fecundidade como ferramenta de testes. Gorey encontra elipses em que pode se ocultar com a mesma rapidez de uma criança que encontra esconderijos num jardim.

Os nomes e lugares estapafúrdios acentuam, com uma piscadela anacrônica, a estranheza dos acontecimentos desconcertantes. O que se poderia julgar hermético é, antes, daquela ordem de segredo que uma obra exige para se realizar e que permanece desconhecido até mesmo para o autor: "Se um livro consiste apenas naquilo de que parece tratar, então, de certo modo, o autor fracassou", opinava Gorey. Um gênio cria para si um orgulho privado, rarefeito (não necessariamente aparentado à vaidade), pontual, concebido apenas para a execução de uma obra e que se esfuma como o rastro de um navio.

Não apenas a ambientação é eduardiana: Gorey era um descendente direto de seus xarás Edward Lear, Edward Bawden e Edward Ardizzone, e, como eles, fundou uma linhagem – um traço – e umas sombras tão difíceis de imitar quanto de expulsar dos nossos próprios sonhos. Edward Gorey trabalhou como uma criança que brinca de ser prisioneira de um carcereiro invisível. Tinha uma biblioteca de 25 mil volumes e a felicidade absoluta de ser capaz de desenhar animais. Era um leitor devoto de Murasaki Shikibu, Sei Shonagon e Ivy Compton-Burnett. Como elas, soube retratar a desgraça e a melancolia com um encanto aniquilador.

—

A vida e a obra do pintor Cy Twombly foram igualmente evasivas, mas a circunstância de que uma vida e uma obra estejam tão alinhadas – coisa hoje só possível por um acaso subvencionado – não as torna necessariamente melhores.

Edward Gorey
The West Wing, 1963
© Edward Gorey Charitable Trust

É, como se diz nas competições esportivas, uma mera vantagem psicológica. A primeira biografia de Twombly – *Chalk*, publicada em 2018 – ratifica essa paridade, mas é difícil acreditar, como quer o autor, Joshua Rivkin, que a arte de Twombly convide a lê-lo autobiograficamente. É claro que o autobiográfico é a origem dos impulsos que o animavam a empreender um desenho e o auxiliavam na sua realização. A coisa é simples: Twombly lia como um maníaco, e a maioria de suas obras leva inscritos na tela ou no papel nomes de heróis da *Ilíada* ou, o mais das vezes, versos de poetas adorados: Safo, Kaváfis, Rilke, Dickinson, Keats, Bachmann, Mallarmé. Twombly cultivava a adoração por escritores e rabiscava-os para se apropriar deles: Arquíloco, Catulo, Baco, Aquiles, Pátroclo. O quadro sonha um nome que lhe prolongue a vida. Twombly desenha batalhas com nomes (Odisseu, Menelau, Cômodo) e círculos e cruzes para dar uma impressão de calma. Desenhar batalhas é coisa de menino, e a mão desse mediterrâneo por adoção não cresceu nunca.

A deformação e o deslizamento deliberado de sua letra deixam as linhas quase ilegíveis –, portanto menos relevantes literariamente – e talvez evidenciem sua ambição de levar essas palavras imitadas, literalmente, a outro plano. Só a um pintor leitor permite-se que a caligrafia se converta em um dos elementos paradigmáticos de sua arte.

Citar é, justamente, um modo de dizer sem assumir por inteiro a primeira pessoa. Twombly reconheceu que as citações lhe proporcionavam "uma energia ou uma clareza", e não se pode negar que essas palavras apaixonadamente roubadas conferem prestígio e aura a seus quadros. Mas não poucos críticos exageraram o valor dessas citações, e não convém converter em espetáculo o fato de que um pintor leia, mesmo quando o faz fervorosamente, mesmo quando converteu a leitura em ato fundador de seu trabalho, que depende dela para começar, mas não para ser apreciado. Os quadros causam um primeiro efeito plácido e total, devido unicamente a suas qualidades pictóricas. A provocação inicial de Twombly é de ordem visual, não livresca. As letras são funcionais, *plásticas*. Nele, a alusão é uma técnica, não um objetivo. Tradutor balbuciante, converte a melancolia literária em uma celebração pictórica. O desafio de Twombly é outro, maior: atingir uma aura de mistério por meio da afabilidade. Há pintores que não têm um tema aos olhos dos outros (uma exigência da arte contemporânea ou, pelo menos, de seus curadores), mas certamente o têm para si mesmos: a mera indagação gráfica, por exemplo, ou a proximidade entre um grafite e uma cor avariada. Num certo sentido, portanto, os temas de Twombly seriam falsos temas: são temas para ele, não para os demais.

Muitas vezes a arte quis preservar alguma coisa; Twombly quis preservar o que estava para acontecer, o que não termina de acontecer. São rascunhos que exigem de todas as formas um grau mínimo de conclusão: um suspense apresentável. Um quadro de Twombly poderia ter sido terminado pouco antes ou

Edward Gorey
The West Wing, 1963
© Edward Gorey Charitable Trust

pouco depois, mas não com muitas marcas a mais ou a menos. "Minha pintura não melhora, minha ortografia, sim", zombava. Todos pioramos nossa letra quando estamos apressados, mas a que velocidade Twombly traçava sua letra intencionalmente desajeitada? Estava tentando anotar o número de telefone que Marco Aurélio lhe sussurrava em sonho?

Sabe-se que a preparação podia levar horas e que, dado o impulso decisivo, Twombly trabalhava muito rápido, como se tentasse fazer o menos possível a partir do que vislumbrara. Talvez buscasse induzir o efeito leve que a leitura produzia nele, um empurrão, um estado de leveza. Sua negligência é impostada, montada. Colecionador que era, produziu uma obra que é o contrário: etérea, desprendida. Twombly mudava-se com frequência – Gaeta, Sperlonga, Bassano, Bolsena, Lexington, em rotação – e viajava com ainda mais frequência. Seus desenhos são os de uma criatura de passagem, a letra como a de quem escreve no ônibus, em trânsito. Cada risco de lápis está ali para sublinhar a fragilidade dessa travessia que é um quadro, sempre à beira de um precipício (ou da fraude).

Para Twombly, portanto, desenhar é prolongar os efeitos de uma leitura: Eliot, Pound, Walter Pater, Robert Burton. O desenho como invocação – mais que ilustração – de um livro alheio. Talvez só se possa copiar um livro desenhando-o. Numa certa época – para perder a mão, para encontrar outra –, desenhava em completa escuridão; em outra, comprava manuscritos de poetas. Há um anseio subterrâneo que parece conectar essas duas obsessões.

Twombly não copia quadros de outros pintores, refaz livros: um pintor cujos mestres são escritores. Traduz palavras com palavras, como se fosse um tradutor a quem se permite publicar sua própria letra, sua caligrafia, em sua versão de uma obra. A gratuidade, assim sendo, é parcial, move-se guiada por livros venerados. Talvez Twombly se vingue, em nome de todos os poetas que quiseram desenhar ou pintar, dos poemas que ele mesmo não pôde escrever. Talvez isso o tenha levado a perseguir a florescência da cor (esmagando, ao passar, toda amora ou groselha que lhe cruzasse o caminho). No que diz respeito à precisão de seus pigmentos, o graal provavelmente era o que chamou de "pistilo de peônia". Que intérprete de vertigens, que exatidão no sigilo!

É fácil sair de uma exposição sua com a sensação de ter esquecido alguma coisa em uma das salas.

Como para um menino, em um pintor como Twombly parte do êxito da aventura passa pelo desprendimento: não lhe dói gastar mil folhas ou deixar desmesurados espaços em branco. Ele se dá ao luxo de não extenuar, de *não pintar*: aí reside mais um de seus acertos. Às vezes, pinta unicamente para preparar os fundos sobre os quais desenhará a lápis. A pintura a serviço do lápis, da incisão do lápis preto sobre uma pátina. Nos quadros de Twombly intervêm diversos modos de profanar uma superfície: jorro, espátula, régua, ponta de grafite, lápis de cor mal apontado. As distintas aproximações facilitam a disseminação que cada quadro persegue, e essa dispersão busca se arrimar numa localização favorável, numa constelação propícia. (A propósito de dispersão: além de escultor respeitável, Twombly foi um fotógrafo mais que sugestivo, com imagens que parecem morandis capturados pelas lentes de Josef Sudek.) A fim de administrar a simulação de arbitrariedade, o gosto recai sobre um mapeamento geral. Seria o caso de se pensar numa dissipação vigiada. O que vence e convence é o conjunto. Em Twombly, há um grato efeito integral que desperta curiosidade pelo particular. Não é por acaso que suas obras funcionam bem como pano de fundo, cenografias.

Não poucas estão cobertas de pura escrita, como que feitas de uma única assinatura ensaiada mil vezes – não necessariamente a sua. Todas elas são um momento, e esse momento está intacto 20 ou 60 anos depois. Em quase todos os seus trabalhos campeia uma prorrogação indefinida. A agenda de um pintor que não cumpre o combinado: datas, números, memorandos, citações e encontros. O quadro está se fazendo, é um diário em aberto (anotações em tom de zombaria para a possível correção infinita de um quadro), um dia distante que ainda não fechou suas cortinas. Talvez por isso Twombly seja considerado parte da família dos pintores incapturáveis, como outros fidalgos da mancha e da linha: Dubuffet, Tàpies, Michaux, Pollock, Kline e Dotremont.

Twombly ensina – incita – a gesticular com um lápis na mão. A ideia de artista que ele transmite é do gênero poderoso, mas seus meios são aprazíveis. Seu diário de páginas arrancadas está repleto de frases desenhadas. Um pintor que escreve para desenhar, que cortejou o ininteligível até contrair primeiras e segundas núpcias com a ilegibilidade e a evocação. Ao fazê-lo, domesticou esses gêmeos intratáveis – o caprichoso e o fortuito. Seus títulos orientam e desorientam: buscam ganhar ressonância ou tomar alento com uma emoção emprestada. Twombly vai atrás de formas insólitas (resolvidas por um automatismo de grafite), à espera do erro, por assim dizer: é o terror de um traço em transe que o leva ao êxtase. É apropriado que uma mostra sua tenha alguns pontos de menor tensão: o seu é o abandono.

E é apropriado que seja elusiva a interpretação (como o é igualmente a reconstrução de uma trajetória biográfica), pois um pintor é sempre um estudioso da fuga: o termo *escape artist*, que se usa para certo tipo de ilusionista, seria cabível para a maioria dos artistas mais singulares, inclusive Matisse. O elemento autobiográfico em Twombly retorna, em todo caso, no zelo ciumento com que vigiava em que mãos suas obras terminariam, como se essa apreensão delatasse um forte sentido de privacidade. A biografia de Cy Twombly revela que alguns herdeiros calam, corrigem ou desprezam outros (o que remete aos retoques e emendas que Twombly praticava sobre versos de Seferis e Kaváfis), ou, senão, competem por graus de proximidade com o objeto santificado. É risível que se discuta em que medida tal ou qual assistente

terá auxiliado Twombly (como se a aparência de acaso que evocam suas obras pudesse ser fruto de uma colaboração).

Muitos dos quadros que pertenciam a esse colecionador – era dono de missivas de Turner e Monet – incluem a palavra "carta" em seu título. Talvez sua "mensagem" esteja cifrada aí: convém dizer com palavras alheias tudo o que não se pode dizer; tudo o que pode ser dito deve ser rabiscado, garatujado. Pode-se aprender com o silêncio alheio (como se pode aprender com a proximidade do mar).

O crítico e escritor argentino **Matías Serra Bradford** (1969) é editor de literatura da *Revista Ñ* e autor dos romances *Manos verdes* e *La biblioteca ideal*, entre outros, todos inéditos no Brasil.
Tradução de **Samuel Titan Jr.**

—

A ***serrote*** deixa de publicar aqui uma colagem de Twombly (*Sem título*, julho 1970) pelo fato de o diretor da Cy Twombly Foundation, Nicola Del Roscio, condicionar a autorização para reproduzir a obra a um expurgo no texto de Matías Serra Bradford. Del Roscio pediu a exclusão, pura e simples, de qualquer menção a *Chalk: The Art and Erasure of Cy Twombly*, biografia de Joshua Rivkin à qual ele faz restrições. Diante de tal exigência, inaceitável, sugerimos que o leitor consulte a *web* para farta demonstração das teses deste ensaio.

Robert Rauschenberg
Cy + Relics, Rome, 1952
Retrato de Cy Twombly em Roma
Impressão sobre gelatina e prata
38,1 x 38,1 cm
© Robert Rauschenberg Foundation

Viagem em torno de uma mesa de trabalho

Juan Villoro

A criação literária nega qualquer magia: nasce entre papéis desarrumados, notas e recibos esquecidos, anotações que já não significam nada e remédios para males do passado

Saul Steinberg
Canal Street, 1990
Técnica mista sobre madeira, 78,7 x 58,4 x 6,3 cm. Coleção particular. © The Saul Steinberg Foundation / Artists Rights Society (ARS), Nova York / AUTVIS, Brasil

"Nós trabalhamos no escuro. Fazemos o que podemos. Damos o que temos. Nossa incerteza é a nossa paixão, e nossa paixão é a nossa meta. O resto é a loucura da arte." Com essas palavras, Henry James resumiu uma vida dedicada a desvendar histórias singulares em situações aparentemente rotineiras do microcosmo humano. O desafio central do seu trabalho não foi encontrar um tema, mas transformá-lo na resistente substância da arte.

A frase citada fala do esforço, mas também da resignação necessária diante dos limites desse esforço: "Fazemos o que podemos". James buscou as palavras mais precisas e usou diversos métodos para alcançá-las. Convencido de que seu estilo

dependia da oralidade, passou da escrita ao ditado em voz alta. Esse método, muito próximo à atuação, levou-o a tentar a sorte no teatro nos últimos anos de vida. Entretanto, os elaborados discursos com que compôs seus relatos não tiveram sucesso no palco.

A progressiva perda de memória causou-lhe problemas de vocabulário. Uma vez quis ditar a palavra "cachorro" e só produziu esta vaga tentativa: "Uma coisa preta, uma coisa canina...". Essa relação aproximativa com a linguagem afastou-o da franqueza e da precisão, mas lhe permitiu notáveis rodeios estilísticos. Para se referir gentilmente a uma dama feia, elaborou um elogio complicado: "Aquela pobre doidivanas tinha uma certa graça cadavérica". Às vezes, o achado estético vem de um defeito. Sergio Pitol narra, em *El oscuro hermano gemelo*, um jantar em que a conversa mais interessante acontece na parte da mesa a que ele tem menos acesso, porque sofre de um problema auditivo. Forçado a completar as frases ouvidas pela metade, acaba urdindo uma trama surpreendente.

No caso de James, a dificuldade em usar a linguagem direta pode ser vista como uma falha na eloquência ou um gesto de cortesia, mas também como exemplo dos esforços do escritor para tentar abordar um assunto esquivo. Escrever é um devaneio rumo a um objetivo ignorado. O mais significativo na citação que encabeça este ensaio é a última frase: depois de aceitar seu ofício como um artesanato laborioso, James alude à obscuridade dos resultados: "O resto é a loucura da arte". Ninguém está totalmente seguro do que escreve.

Thomas Mann comentou que a principal diferença entre alguém que escreve por uma razão qualquer e um escritor de verdade é que para o segundo o texto é mais difícil. A vocação literária começa por assumir que escrever é um problema. Não se supera a página em branco mediante um feliz automatismo. Temos que escolher entre uma palavra e outra, eliminar as repetições, evitar a rima involuntária, driblar o advérbio estridente e o adjetivo exagerado, encontrar o tom certo, inserir alusões que evitem a literalidade, criar mensagens subentendidas. O estilo literário gera a ilusão de um idioma privado, compartilhado intimamente por autor e leitor. "Numa aldeia da Mancha, de cujo nome não quero me lembrar...", uma voz nos interpela de forma diferente, e o modo como essa frase é lida cria um vínculo singular que se modifica com outro leitor.

A linguagem literária explora novas possibilidades "naturais" do idioma. Sem deixar de lado os elementos comuns da língua, cria uma zona de cumplicidade por meio da qual pode transmitir um segredo. Ninguém havia falado conosco dessa forma. Na primeira frase de *Dom Quixote*, palavras usuais como "aldeia", "lembrar" e "nome" são organizadas de maneira tal que o conhecido surpreende: as palavras de sempre revelam sua vida privada.

Chegar a isso exige um esforço inédito, cujo saldo é incerto. O próprio Cervantes comparava seu ofício ao de um jogador que aposta nas cartas que a sorte lhe entregou. Não há certeza durante o processo criativo, nem ao se terminar. Os prêmios não são certificados de imortalidade, as vendas mudam conforme os caprichos do mercado. O único sistema de medida para talentos é o que se chama de "tradição". Mas até o passado está em disputa. Autores que uma época considerou clássicos são esquecidos pela seguinte, e outros levam séculos para chegar à categoria, sempre provisória, de "gênios indiscutíveis".

Por que se realiza essa tarefa sem recompensa certa? Vejamos o lugar dos acontecimentos: uma mesa com papéis desarrumados, objetos nem sempre úteis (clipes, borrachas, lápis com ou sem ponta, caixas contendo comprimidos, botões, bilhetes de metrô, um cassete sem gravador), recordações que apareceram ali misteriosamente (um apito, uma bola de borracha, um isqueiro), notas e recibos esquecidos, anotações que já não significam nada, *post-its* urgentíssimos, remédios para males do passado, fotos de família que perturbam mas têm valor de talismã, objetos quebrados, pedaços de alguma coisa que o tempo e a desmemória tornaram indecifráveis.

Esse lugar caótico e tremendamente normal resume a condição misteriosa do fato estético. Os achados surgem de um espaço comum que parece negá-los.

A magia pode ocorrer em circunstâncias tão banais? O pintor trabalha em um ateliê anárquico onde o uso progressivo dos materiais deixa vestígios nas paredes, nos sapatos e nas sobrancelhas, e onde as cores adquirem um destino. A mesa de um escritor é a negação de qualquer alquimia. O único assombro que poderia causar seria estar perfeitamente arrumada.

O lugar da escrita merece ser visto como um dos enigmas do infraordinário que tanto interessaram a Georges Perec. O estranho pode surgir nas situações mais banais. Um personagem de Cortázar veste um pulôver e fica emaranhado num novelo incompreensível.

Na sua jornada, o escritor busca algo semelhante, o surgimento do inexplicável em um ambiente comum. Os caldeirões borbulhantes do feiticeiro e o bosque de cristal no laboratório do inventor anunciam que ali ocorrerão coisas assombrosas. A mesa de um romancista revela, no máximo, que seu remédio para úlcera está vencido ou que precisa comprar papel para a impressora.

Mas o autor está e não está em seu local de trabalho. O cenário lhe é desnecessário e até mesmo perturbador. Alguns autores buscam o desconforto para se sentirem melhor. Günter Grass escrevia em pé diante de um púlpito e Friedrich Schiller guardava maçãs podres numa gaveta para que o cheiro lhe desse a sensação de estar em outro lugar.

As virtudes do ambiente não estimulam necessariamente a criação. Num escritório com vista para o mar é mais difícil se concentrar nos papéis. Um conto de Ricardo Piglia trata de dois doentes que dividem um quarto. Um deles está perto da janela e descreve as intrincadas maravilhas que vê de lá. Quando o doente que ouviu as histórias consegue se aproximar da janela, descobre que ela está de frente para um muro. A paisagem tinha sido inventada pelo outro doente. A contemplação real de um cenário fabuloso certamente desencadearia menos histórias.

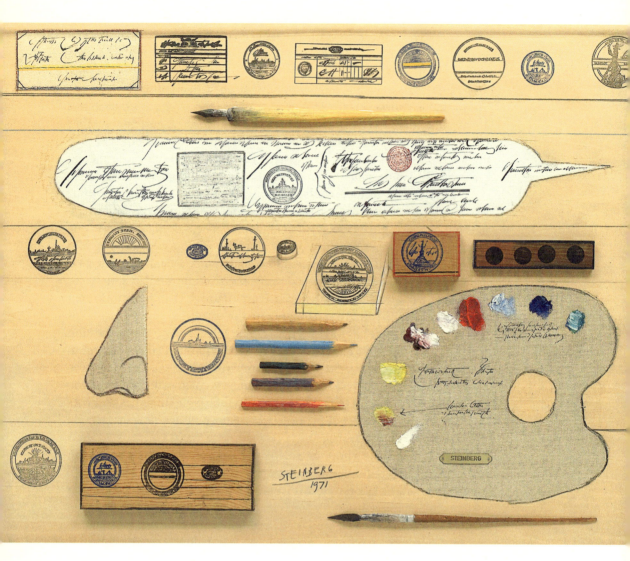

Inventory, 1971
Técnica mista sobre madeira, 50,8 x 66 x 5,1 cm. Coleção particular.
© The Saul Steinberg Foundation / Artists Rights Society (ARS), Nova York / AUTVIS, Brasil

Um dos grandes enigmas das musas é que elas são representadas como mulheres bonitas. A beleza paralisa; diante de um rosto perfeito todos nós viramos seres tartamudeantes. Se nos deparássemos com uma belíssima Calíope no mundo real, dificilmente sentiríamos a energia da musa da eloquência. Dominados por seu encanto, com certeza gaguejaríamos na tentativa de convidá-la para um café.

A escrita surge em um lugar sem graça, a mesa de trabalho. No seu romance *Mao II*, Don DeLillo conta a história de uma fotógrafa que quer retratar um autor recluso. Ele detesta a manipulação midiática da literatura. Seu ofício não merece ser exibido; sua principal "ação" visível é perder cabelo em cima do teclado. O efeito da escrita pode ser riquíssimo, mas as condições em que ela surge não têm interesse externo.

Em seu último relato, "A memória de Shakespeare", Borges elaborou uma reflexão esclarecedora sobre as motivações da arte. Um homem recebe a oportunidade inaudita de ter na sua mente todas as lembranças do autor de *Macbeth*. Ele imagina como seria dispor da vida interior de alguém que produziu uma linguagem tão caudalosa: "Foi como se me oferecessem o mar". Não pode recusar a oferta. Entretanto, quando toma posse daquele passado, descobre que as memórias do poeta do som e da fúria são tão banais quanto as de qualquer outra pessoa: "A memória de Shakespeare só podia revelar-me as circunstâncias de Shakespeare. É evidente que estas não constituem a singularidade do poeta; o que importa é a obra que ele realizou com esse material desprezível." *Ser* Shakespeare, viver como ele, significa recordar um pôr do sol comum, o roçar do pelo de um cachorro, o sabor de uma maçã. A sua descomunal arquitetura verbal se baseava nesses estímulos precários. O protagonista do conto vive uma história mais extraordinária que a de seu ídolo, mas não sabe narrá-la. A arte não depende dos materiais, mas da maneira de usar esse barro comum.

OS ESTÍMULOS DO CAOS

O que nos leva a passar a maior parte da nossa vida diante de uma mesa caótica? Juan Carlos Onetti definiu sua vocação nos seguintes termos: "A literatura é uma paixão, um vício e uma condenação". Seria injusto dizer que o escritor não desfruta de seu trabalho, mas seria mais injusto supor que faz isso o tempo todo.

Durante a Festa Literária Internacional de Paraty, participei de uma palestra com o escritor israelense Etgar Keret. A última pergunta que nos fizeram se referia à felicidade. Tínhamos prazer ao escrever? O autor de *Pizzaria kamikaze* disse que o mundo já era hostil demais para ainda por cima sofrer escrevendo. Seu trabalho felizmente o resgatava das misérias reais. Eu expus uma opinião que parece diferente, mas talvez não seja tanto. Escrever cansa. Você tem que escolher entre as muitas maneiras de exprimir alguma coisa, tem que corrigir o que fez, tem que jogar fora, tem que começar de novo. "É preciso fracassar melhor" era o lema otimista de Beckett. O interessante é que essa luta não é apenas uma forma complicada de sofrer; é uma forma complicada de se comprazer.

A primeira lição que um autor aprende é que os livros não querem ser escritos. Eles resistem, mostram as garras, mordem. Essa recusa repele, mas também cativa. Nada mais prazeroso, afinal de contas, do que aquilo que se conquista com dificuldade. No entanto, aqui nos espreita outro perigo. Saber que o talento representa a superação de uma incapacidade pode levar a um dos erros literários mais frequentes: pensar que fazemos melhor o que é mais difícil.

Fato é que todo escritor encontra um modo de suportar, e até de desfrutar, os rigores que seu trabalho impõe. Daí a condição de "vício" a que Onetti se refere.

Não é qualquer um que se submete a essas exigências. Além da vocação ou da "facilidade" para escrever, é preciso ter condições psicológicas particulares – e um tanto extravagantes – para se afastar dos outros e idealizar um universo paralelo. A maioria das pessoas não sente tal impulso.

Sem recorrer ao gabinete do dr. Freud, podemos dizer que o autor tenta compensar por meio da escrita algo que não tem no resto da sua existência. Que brinquedo perdeu em sua infância remota? Que exílio o submeteu à nostalgia dos sabores perdidos da origem? Que impressão da natureza humana o levou a imaginar congêneres? Que ânsia de domínio lhe permitiu que fosse Deus, governante, rei, soberano de um território concebido à sua imagem e semelhança?

Não há experiência humana sem representação dessa experiência. Um dos principais resultados da percepção é que o mundo tangível é incompleto: a realidade factual não é suficiente. É preciso imaginá-la, sonhá-la, reinventá-la. Quem evoca o passado ou anseia o futuro vive em outra região mental. O escritor é um profissional dessa evasão, e está disposto a pagar o seu preço. Pelo prazer, aceita uma condenação. Seu vício consiste em unir esses opostos: busca prazer na condenação.

A maioria dos escritores não escreve porque sabe algo; escreve para saber. *As viagens*, de Marco Polo, e as *Cartas de relação*, de Hernán Cortés, transmitem experiências que os autores conheceram antes de empunhar a pena. O viajante veneziano e o conquistador espanhol relatam prodígios realmente vividos. O autor de ficção não tem essa jazida anterior; sua expedição acontece na página, sem mapas definidos nem estratégia preconcebida.

A MENTE E O MUNDO

Ninguém se trancaria num quarto para escrever se essa esquisitice não tivesse alguma aceitação social. Dos escribas maias aos contadores de histórias do presente, o trabalho de inventar a sós atende a uma necessidade social. Uma espécie dotada de razão precisa dar sentido ao seu arbitrário entorno.

Como diz Roger Bartra em sua *Anthropology of the Brain* [Antropologia do cérebro], a cultura é o depósito de memória que forma parte orgânica da espécie e permite sua sobrevivência. Incapazes de assimilar no corpo tudo que necessitamos para expandir as possibilidades da mente, criamos um exocérebro: "Certas regiões do cérebro humano adquirem geneticamente uma dependência neurofisiológica [de um sistema] que se transmite por mecanismos culturais e sociais", escreve Bartra. As bibliotecas, as universidades e a realidade virtual são depósitos de conhecimento que ampliam as nossas funções, o cérebro externo que nos define como comunidade.

O escritor ajuda a configurar os símbolos e sistemas de representação de uma espécie que depende da comunicação e da consciência que tem de si mesma.

Isso pode levar à afirmação de que o artista é um mártir da criação, que sofre para permitir que os outros desfrutem (ou ao menos compreendam o seu destino). Certos autores perderam a razão nessa busca. A sensibilidade é um combustível delicado, pode fazer com que o artista se queime em sua própria luz. Quando Hölderlin sucumbiu ante seus demônios, seu senhorio disse, com razão, que ele havia sido derrotado pelo que tinha dentro de si.

Deixando de lado os casos mais extremos, pensemos num castigo menor, a disciplina, que obriga a passar horas diante do texto. O escritor *precisa* estar ali, e nem sempre é o que deseja. De maneira célebre (e, a julgar pelo resultado, pouco proveitosa), Francisco González Bocanegra foi trancado num quarto por sua namorada para escrever a letra convulsiva do hino nacional mexicano. Sem necessidade de estar preso, o autor recorre a diversas variantes do "método Bocanegra" para não abandonar a mesa da qual deseja se afastar.

Uma vez concentrado em seu trabalho, não pode prever tudo o que vai acontecer. A esse respeito, escreve Giorgio Agamben: "A imaginação circunscreve um espaço no qual ainda não pensamos". É o momento crucial do ato criativo: o artista sabe e não sabe o que está fazendo. Imaginar é um ato anterior à razão, que deve ser sancionado por ela. Como um sonâmbulo, o escritor avança por um caminho que se modifica com os seus passos. Depois de vários rascunhos, adquire mais consciência de seu percurso, abre os olhos, para de andar dormindo e chega a uma forma de vigília que, por cansaço ou resignação, chama de "versão definitiva".

Até que ponto podemos avaliar objetivamente o que imaginamos? Cortázar afirmava que, de vez em quando, seu personagem Lucas "botava" um soneto como uma galinha bota um ovo. Essa ideia é irônica, não tanto por comparar um escritor a uma galinha, mas porque despoja o ato criativo de dramatismo e originalidade e faz dele um resíduo natural do organismo.

A realidade é muito diferente. É raro que um escritor aceite o resultado de primeira. Em seu livro de memórias *Joseph Anton*, Salman Rushdie conta como Harold Pinter, já considerado o maior dramaturgo vivo da Inglaterra, mandava textos por fax aos amigos e esperava ansiosamente uma resposta de aprovação. Essa insegurança não é superável, ela pertence à vocação. O autor se questiona em cada um dos seus textos e não tem um método incontroverso para julgá-los.

Na sua origem, o impulso criativo pertence à imaginação, onde "ainda não pensamos". Alguma coisa nos impulsiona a escrever: um sonho, uma experiência que de repente adquire sentido, uma lembrança encobridora, algo ouvido por acaso, um mal-entendido que se torna eloquente, uma reação ao que outra pessoa não conseguiu dizer claramente.

A escrita propriamente dita implica passar dessas intuições a uma zona racional, controlada pela técnica, o "ofício literário". O juízo que esse trabalho merece é sempre subjetivo. Críticos e professores tentaram vários métodos de avaliação para os produtos da fantasia, alguns tão criativos quanto a ficção. Embora seus ditames tendam a ser modificados pelo tempo e pelos critérios variáveis da tradição, são mais confiáveis do que a avaliação que um escritor faz de si mesmo. Nesse terreno escorregadio, até mesmo a arrogância é insegura. Os autores que recitam seus poemas de memória, como se somassem novos frutos à realidade, e parecem felizes por terem se reconhecido no espelho, revelam que no fundo duvidam de seus textos. Se suas obras bastassem por si mesmas, não teriam que enfatizá-las tanto. No polo oposto estão aqueles que se torturam com uma autocrítica que elogio nenhum jamais poderia remediar: Kafka e Gogol se consideravam péssimos escritores.

Não há garantia de que o que escrevemos tenha qualidade certificada. Lembro-me de uma conversa que tive com Roberto Bolaño, na qual chegamos à seguinte conclusão: a única prova confiável de que um texto "estava bom" era quando nos parecia ter sido escrito por outra pessoa. Essa súbita despersonalização proporciona a autonomia necessária para que uma obra respire por conta própria. Ao mesmo tempo, impede a possibilidade de sentirmos orgulho dela, já que sua maior virtude consiste em parecer alheia. Escrever significa suplantar-se, ser em uma voz diferente. É por isso que Rimbaud pôde dizer: "Eu é um outro".

O narrador se coloca na pele de seus personagens. Essa transmigração provisória das almas permite que o autor seja o primeiro a perceber a ilusão de vida que o texto deve produzir.

É fácil entender que o romancista se despersonaliza para viver transitoriamente em Comala, Macondo ou Yoknapatawpha. Entretanto, o próprio gesto de escrever produz um estranhamento. Quem corrige um texto no papel enche a página de rasuras. Mas, ao passá-la a limpo, surgem outras correções.

North African Table, 1976
Técnica mista sobre madeira, 78,7 x
106,7 x 5,1 cm. Coleção particular.
© The Saul Steinberg Foundation /
Artists Rights Society (ARS), Nova
York / AUTVIS, Brasil

A operação física de reescrever abre novas possibilidades. O mais assombroso é que isso só acontece com a escrita *em ação*. Ao se ler um manuscrito, notam-se certos defeitos, mas há melhorias que só acontecem reescrevendo palavra por palavra. Isso leva a uma questão quase metafísica: quem decide o escrito? Não dependemos apenas do cérebro, mas do seu misterioso vínculo com a mão. Dois versos de Gerardo Diego resumem o enigma: "São sensíveis ao tato as estrelas/ não sei escrever à máquina sem elas". As pontas dos dedos parecem tomar decisões por conta própria, como se guiadas por uma determinação astral.

Os recursos de correção do computador eliminam a obrigação de reescrever a página inteira; basta marcar uma palavra para alterá-la. Para nós, que pertencemos a uma geração acostumada a "passar a limpo", isso anula as variantes que só aparecem na reescrita pausada, com o juízo crítico que subjaz na ponta dos dedos.

A noção de "rascunho" permite que o artífice se passe a limpo. A versão "definitiva" é uma forma radical de paradoxo: o autor incorporou o suficiente de si mesmo para que o resultado lhe pareça venturosamente alheio.

VIVER O TEXTO

A pessoa que escreve não é a mesma que vive. Fernando Pessoa levou essa circunstância a um grau mais alto. Diante da falta de precursores na tradição portuguesa, decidiu criá-los. Concebeu a poesia e as vidas de poetas que deveriam justificá-la. Por meio de seus variados heterônimos, ele foi muitos autores. Curiosamente, esse ser múltiplo levou uma vida retraída, melancólica, austera. Octavio Paz chamou-o, com boa pontaria, de "o desconhecido de si mesmo". Pessoa enfrentou o destino como alguém que vive uma vida emprestada e não pode intervir nisso. Esse isolamento radical lhe permitiu tornar-se um solitário que convivia com muita gente dentro de si.

Sem necessidade de transfigurar-se para viver como um heterônimo, o autor de ficção encarna em seus personagens. Tem que narrar a partir deles, entender suas reações, suas manias, seus tiques, seus modismos, sua maneira única de ver o mundo e relacionar-se com a língua.

Há algo mais tentador do que a possibilidade de começar uma vida nova a partir do zero? Nos dias posteriores ao terremoto que devastou a Cidade do México em 1985, eu me integrei a uma brigada de resgate. Não sabíamos o número de mortos nem o número de pessoas que ainda poderiam ser salvas. De repente fui dominado por uma ideia: eu estava na situação ideal para desaparecer definitivamente, sem deixar rastros. Se fosse para outro lugar e começasse outra vida, seria dado como desaparecido, como tantas vítimas da tragédia. Eu me dissiparia junto com os outros destinos que se transformaram em estatísticas hesitantes. Essa oportunidade de ter uma posteridade ainda em vida, de inventar uma morte civil e assumir outra existência, é muito semelhante à invenção literária.

Quem escreve habita um entorno paralelo cujos riscos vão de dor lombar a transtornos mentais. Com as suas fabulações, o escritor complementa um mundo insuficiente e, nesse processo de sublimação do real, pode permanecer em órbita como um membro da tripulação da Apollo 13.

Durante o processo de escrita, a mente se transporta para outro lugar, mais genuíno que o entorno tangível. A fecunda despersonalização de Dickens e Balzac fazia-os chorar pelos personagens que morriam em suas páginas. Encarar as criaturas imaginárias como seres vivos é uma conquista estética incontestável. E também um sinal de alarme, porque beira a zona alucinatória em que os amigos imaginários se tornam próximos demais.

Uma exaltação romântica equivocada fez alguns colegas elogiarem Roberto Bolaño como um mártir que trocou a escrita pela vida. Isso é falso, não apenas porque a biografia e a obra de Bolaño foram uma afirmação contundente da vida, mas porque narrar é um modo de viver que pode proporcionar emoções mais plenas e intensas que as provocadas pelos acontecimentos e a espuma dos dias.

Existe um limite para distinguir entre vida e narração? Em seu romance testemunhal *O adversário*, Emmanuel Carrère conta a vida de Jean-Claude Romand, um homem dedicado à impostura na cartesiana sociedade francesa. Depois de abandonar seus estudos médicos antes de concluí-los, Romand fingiu que tinha se formado e conseguiu enganar até mesmo seus ex-colegas. Sua personalidade suscitava empatia e respeitabilidade. Isso fez com que várias pessoas lhe confiassem suas economias para que as administrasse e investisse. Durante décadas viveu confortavelmente com o dinheiro dos outros. Alugou uma casa na fronteira com a Suíça e fingia trabalhar na Organização Mundial da Saúde, que ficava nas proximidades. Todos os dias cruzava a fronteira rumo à OMS e ficava no estacionamento da instituição. Lia durante horas, depois matava o tempo num café e voltava para casa. Às vezes simulava viagens de trabalho ao exterior. Por alguns dias, trancava-se num quarto de hotel, lia folhetos sobre seu suposto destino e comprava um suvenir no aeroporto de Genebra. Durante décadas, nem seus parentes nem seus amigos mais íntimos desconfiaram que sua vida era uma mentira. Finalmente, Romand foi descoberto. Incapaz de suportar a verdade, que implicava na perda de sua vida paralela, matou a esposa, os filhos e os pais, e tentou cometer suicídio. A tentativa falhou, e ele foi preso. Carrère queria contar sua história, escreveu-lhe uma carta e recebeu uma resposta negativa. Então se concentrou em outro projeto, o romance autobiográfico *A colônia de férias*. Curiosamente, foi depois de ler essa obra que Romand quis falar com Carrère. Quem sabe percebeu que toda a sua vida adulta tinha sido um romance autobiográfico, um romance estranhamente

The Pyramid Table, 1974-1982
Técnica mista sobre madeira, 33 x
120,6 x 5,1 cm. Coleção particular.
© The Saul Steinberg Foundation /
Artists Rights Society (ARS), Nova
York / AUTVIS, Brasil

vazio, não escrito, que precisava se encher de significado. Dessa vez, foi ele quem procurou o romancista.

O adversário foi aclamado como uma nova versão de *A sangue frio*, de Truman Capote. Em primeiro lugar, a história atrai pela arrepiante normalidade de um assassino em série. Entretanto, também é uma investigação profunda sobre como nascem as histórias. A perversão de Romand tem um resultado muito diferente do trabalho de um escritor, mas partilha com ele o mesmo impulso. O suposto médico preenchia seus dias "úteis" de maneira imaginária. Seu erro foi ter vivido o seu romance em vez de submeter-se à tortura e ao prazer de escrevê-lo. Sua história chegou a um desenlace não apenas equivocado e inesperado, mas doentio. Sua segunda vida era uma encenação *literal* da forma como se produz literatura. Subtraído do entorno, ele entrava num mundo paralelo, com a diferença de que esse mundo era real e estava oco.

Sem precisar chegar a uma perturbação extrema como a de Romand, o escritor assume uma existência fictícia que às vezes o transforma. "O que você tem?", pergunta a esposa espantada. Ao contrário do falso médico francês, o romancista não pode dizer: "Tive um problema na OMS".

Quando o escritor sai do seu escritório de mãos vazias, não sabe ao certo o que está acontecendo. Alguma coisa imprecisa não está funcionando bem no seu outro mundo, e então ele se resigna a jantar uma sopa sem gosto neste. "Como é possível que você não possa dizer o que tem? Seu trabalho é usar as palavras!", reclama alguém muito próximo a ele, sem saber que a escrita consiste, exatamente, em ter problemas com as palavras. A eloquência não é um *switch* que o escritor ativa dentro de si: é a saída de um túnel de dificuldades. Quando a expressividade funciona, o reino escuro que a antecedeu desaparece. Os obstáculos para escrever não devem estar presentes na página; são como o fio invisível que guia o alfaiate e é removido quando a roupa fica pronta.

Não é fácil renunciar ao que não se encaixa no verso ou na prosa. Acima de tudo, não é fácil renunciar aos achados que brilham com luz própria, mas não têm nada a ver com aquele texto. A resistência a suprimir magníficas frases desnecessárias geralmente é a perdição dos virtuosos.

O mais fecundo castigo que um autor pode impor a si mesmo é deixar de lado as maravilhosas ideias que contrariam a lógica do texto. A obra resiste a ser criada, mas, uma vez em andamento, ganha independência e revela sua própria sabedoria: é do autor e não é.

Chegamos a um ponto crucial da criação. Uma obra bem-sucedida dá a impressão de que tudo ali é deliberado. Aquilo não poderia acontecer de outra maneira.

Um dos grandes estímulos para a leitura de autores de segunda linha ou claramente fracassados é que seus livros, sim, poderiam acontecer de outra maneira e, portanto, sugerem outros livros. Interrogado sobre suas influências, o romancista menciona precursores ilustres como Joyce, Calvino, Lucrécio, Montaigne e Benjamin, que sem dúvida contribuíram para definir sua noção de arte e seu modo de pensar; no entanto, muitas vezes a influência mais direta vem de um contemporâneo que perdeu a oportunidade de consumar algo e deixa o assunto no ar para quem souber aproveitar.

As leituras medíocres têm maneiras diversas de nos beneficiar. Em 1976, o escritor uruguaio Danubio Torres Fierro entrevistou Gabriel García Márquez em sua casa na Cidade do México. O autor de *O outono do patriarca* lhe disse: "Já notou que sempre começamos pelo pior quando estamos destinados a gostar de uma coisa? O escritor começa lendo Bécquer, um certo Neruda, o Darío mais elementar, e o músico ouve a *Serenata* de Schubert ou o *Concerto número 1 para piano e orquestra* de Tchaikovsky. Isso ajuda a entrar no universo, a descobrir o que é realmente a literatura e o que é a música, e então serve para abrir caminhos e despertar apetites."

Certas obras são imprescindíveis para atiçar a curiosidade e avivar o fogo, mas raramente são as melhores em seus gêneros. De quantos livros fracos precisamos para chegar a *Ulisses*? Essa pergunta não teria interesse se se referisse apenas à qualidade; o interessante é que envolve o prazer, e poderíamos reformulá-la da seguinte maneira: de quantos livros ruins temos que gostar antes de descobrir Joyce?

O direito de ler livros ruins é essencial para a formação do leitor. Mas também beneficia aqueles que, tendo avaliado formas complexas de prazer, de repente precisam dos prazeres incertos de uma obra menor.

Em sua busca de uma linguagem que o caracterize, o escritor pode fazer-se tão presente a ponto de sufocar o texto. Certa vez conversei com Martin Amis sobre os últimos romances de Philip Roth. Com seu afiado sarcasmo habitual, ele me disse: "São ótimos, mas não entendo por que está tão obcecado em mostrar o trabalho enorme que teve para escrevê-los". Estava se referindo à enfática voz narrativa que nos obriga a pensar mais no romancista – as decisões que tomou e as muitas alternativas que eliminou – do que em seus personagens. Curiosamente, a frase define melhor os romances de Amis que os de Roth. O médico diagnostica melhor no corpo alheio.

Oscar Wilde tinha razão novamente quando disse: "Deem uma máscara a um homem e ele dirá a verdade". É a forma mais adequada de incluir a autobiografia na ficção. Não se escreve para mentir, mas para dizer outro tipo de verdade. O carnaval de Veneza é baseado nesse estratagema. Os diabos, os arlequins e as colombinas que perambulam pelos canais são formas peculiares de sinceridade; quem usa essas fantasias não está tentando ser outro; diz o que não se atreve a dizer nos dias comuns.

A POSE E O ROSTO

A indústria cinematográfica é apaixonada pela figura do artista convulsionado, o sujeito temperamental que maltrata os outros, atenta contra si mesmo, torna-se um ser intratável e deixa uma obra de beleza radiante. Hollywood ama o paradoxo do gênio cruel e autodestrutivo que compõe uma sinfonia comovente.

Espera-se que o criador tocado pela graça tenha um caráter único. Salvador Dalí, Andy Warhol, Ramón María del Valle-Inclán e Charles Bukowski criaram personagens para si mesmos que fazem parte de sua proposta estética. Nesses casos, o talento tem certificação externa: são gênios fantasiados de gênios.

Posar de artista é uma forma de confirmar a ilusão que o público tem sobre a originalidade do criador. Mas nem todos precisam endossar a própria diferença com suas roupas ou com sua aparência. Os bigodes de Dalí pareciam para-raios de sensibilidade. Embora outros artistas tenham a tempestade dentro de si, em maior ou menor grau, todos se submetem aos relâmpagos e aos curtos-circuitos das emoções.

"Nós somos os livros que nos tornaram melhores", escreveu Borges. Essa frase, lida segundo a cartilha da beatice cultural, pode levar à crença de que a frequentação da cultura é sempre boa. Nada mais distante da espúria realidade. Um artista magnífico pode ser uma péssima pessoa. E mais: de um modo inquietante, as desfigurações do mau caráter costumam ser um ponto de partida melhor para a criação do que a serenidade e a simpatia.

Trabalhar em função da beleza não implica necessariamente uma conduta moral. George Steiner descreveu o amargo paradoxo dos comandantes dos campos de concentração que amavam a música de Bach e a poesia de Rilke.

O maestro Arthur Honegger teve um susto equivalente quando foi convidado a formar uma orquestra numa prisão. Como os detentos não tinham nenhuma formação musical, ele precisava julgá-los pela sensibilidade e predisposição para criar. Quando entregou a lista de músicos selecionados, o diretor fez esta afirmação alarmante: "Você criou uma orquestra de assassinos".

Escritores sublimes também foram criminosos, políticos corruptos, alcoólatras perdidos, pedófilos, traidores, usurários, fascistas fanáticos ou simplesmente maus maridos e péssimos pais.

Os desequilíbrios morais dos gênios são tão frequentes quanto suas realizações na fantasia. Será que os distúrbios psicológicos favorecem a estranha atividade de conceber uma ordem paralela modificável à vontade? Uma vez superados os rigores da disciplina e as angústias da página em branco, o romancista pode atuar como uma divindade volúvel ou um tirano inflexível. "Meus personagens tremem quando me aproximo deles", disse Nabokov. Por obra do Criador, a página dá lugar a um terremoto, à devastação e a muitas formigas.

Brincar de decidir tudo é uma tentação irresistível da infância. Em algum momento de sua aventura, o escritor alcança o seu castelo no limbo, uma região pueril na qual pode ser monarca. Não é todo mundo que sente esse desejo na idade adulta. Haverá alguma forma de explicar a ânsia de totalidade que caracteriza o responsável único pela obra, o demiurgo em sua escrivaninha?

Em *A ridícula ideia de nunca mais te ver*, Rosa Montero se debruça sobre as condições em que surge a vocação criativa e cita um estudo da Faculdade de Psiquiatria da Universidade de Semmelweis, na Hungria, que chega às seguintes conclusões: 50% dos europeus têm no cérebro uma cópia de um gene chamado "neuregulina 1", 15% têm duas cópias e 35%, nenhuma. Segundo o estudo, as pessoas criativas pertencem aos 15% que têm duas cópias. "Possuir essa mutação também acarreta um aumento no risco de desenvolver distúrbios mentais, bem como uma memória pior e sensibilidade exagerada às críticas", escreve Montero.

Sem forçar os determinismos científicos, é óbvio que o escritor apresenta essas propensões. Trata-se de alguém que tem ideias, que se distrai com facilidade e reclama muito. Seu comportamento poderia ser resumido em uma frase: "Quando pensa, pensa em outra coisa". Essa peculiaridade se apresenta de diversas maneiras. O escritor pode ser um sofredor exemplar que transforma a dor em prazer estético (o laborioso Gustave Flaubert chamava a atenção para o fato de que a pérola é uma doença da ostra), um sujeito abusivo que se aproveita sem escrúpulos das fraquezas alheias (Boris Pilniak dizia que a raposa é o deus dos escritores), ou alguém que vive de imaginar o que não vive (Julian Barnes entende a escrita como uma terapêutica "pacificação de apócrifos").

A paixão e a condenação do artista, e o vício de suportá-las, levam a uma administração irregular das emoções, o que pode levar à loucura (Strindberg), ao estímulo transitório de drogas ou álcool (Burroughs, Lowry), manias insólitas (Proust), um ostracismo maníaco (Salinger) ou à agitada vida interior de um perfeito burguês (Thomas Mann).

Mas antes de criar a imagem do escritor necessariamente arrebatado, à beira de um estertor sensível, basta dizer que certos autores eram não apenas suportáveis, mas extremamente agradáveis. Embora os Tchekhov ou os Cortázar não sejam corriqueiros, seus exemplos revelam que mesmo uma pessoa magnífica pode escrever maravilhosamente.

Não é necessário ter passado pela prisão para escrever sobre as masmorras com conhecimento da causa, mas sim

Table Series: Union Square, 1973 Técnica mista sobre madeira, 78,1 x 58,1 x 5,1 cm. Institut du Dessin, Fondation Adami, Vaduz. © The Saul Steinberg Foundation / Artists Rights Society (ARS), Nova York / AUTVIS, Brasil

colocar-se mentalmente nessa situação. Segundo Nietzsche, o conhecimento do inferno permite conceber o céu. Esse inferno pode ser tão tangível quanto o que Genet sofreu em sua infância ou tão conjectural como o do agraciado Tolstói. Fato é que o escritor é um ser fronteiriço que vive entre realidade e imaginação e, em maior ou menor grau, é afetado por essa transição de uma realidade a outra. O fardo da sua segunda vida pode ser avassalador, e não é por acaso que muitos escritores pararam de escrever. Enrique Vila-Matas dedicou um livro inteiro a esse tema: *Bartleby e companhia*.

Um dos casos mais surpreendentes de autor acometido pela angústia literária é o de Robert Walser. Durante anos levou uma vida pacífica e metódica dentro de um manicômio. A principal cura que encontrou ali foi sentir-se livre da pressão de escrever. Para ele, a página em branco era muito mais opressiva que o sanatório. Nos depoimentos que deixou sobre seus anos no hospital (a maioria coletados por seu amigo Carl Seelig), o autor de *Jakob von Gunten* julga corretamente a si mesmo; opina com competência sobre inúmeros assuntos, controla o seu temperamento. Mas não suporta que o considerem singular. Não quer ser reconhecido. Curiosamente, desconfia de Kafka, talvez porque o autor de *O processo* o tenha elogiado. Busca uma mediania que o proteja das exigências do mundo.

Não é difícil simpatizar com ele. De maneira um pouco melodramática, o escritor Junot Díaz declarou: "Se eu pudesse devolver meu dom, devolveria". A sensibilidade extrema e a obrigação de usá-la podem se tornar uma carga insuportável.

Rodrigo Fresán dedicou um longo romance à questão de como pensa um escritor, *La parte inventada*. Nesse livro, reflete sobre a estranha paz que assombra o autor que não se sente mais impelido a buscar palavras:

> Passar o resto da vida como alguém que não escreve mais [...]. E sorrir o sorriso triste de quem já foi viciado: o sorriso daqueles que estão melhor do que estavam, mas não necessariamente mais felizes. O sorriso daqueles [...] que desconfiam que na verdade não eram viciados, eram apenas o vício: a incontrolável substância controlada, a tão eficaz como efêmera droga. E, entre tremores, entendem que alguma coisa ou alguém se livrou deles porque não têm mais serventia [...]. E que por isso a droga se foi, para longe deles, em busca de substâncias melhores e mais poderosas.

A ideia de vício mencionada a respeito de Onetti ressurge aqui como compulsão. Mas a abordagem original de Fresán consiste em parar de ver o autor como um viciado em escrever, para vê-lo como o próprio vício, a necessidade social, cultural ou esotérica que a comunidade tem de que alguém faça isso. Nesse sentido, parar de escrever não faz do escritor uma pessoa sóbria, reformada, que largou a droga, mas alguém que, como uma substância cujo prazo de validade expirou, perdeu sua força intoxicante.

O que é decisivo na passagem acima é que nela convergem o medo, a vontade e a inutilidade de parar de escrever, três fantasmas que se sentam com o escritor à sua mesa de trabalho.

DAR-SE ALTA

A escrita pode levar à dor e à demência e às mais variadas versões do quixotismo, mas também contribui para suportar o peso do mundo e recuperar a sanidade.

Concluo estas reflexões com a lembrança de uma conferência singular. O extraordinário historiador da arte Aby Warburg viveu em um sanatório para doentes mentais entre 1921 e 1924. Chegou ali aos 54 anos e foi tratado por Ludwig Binswanger, um discípulo de Carl Gustav Jung. A terapia a que se submeteu foi a "autocura". Warburg era um homem de grande inteligência que cultivava a obsessão funcional do estudioso. Só alguém como ele, com tendência ao delírio de relação, poderia conceber um atlas de imagens para organizar o legado plástico do Ocidente. No entanto, os excessos de caráter, que durante muito tempo atuaram a seu favor, como sinais de precisão e rigor acadêmico, acabaram lhe provocando violentos rompantes com os quais pretendia se defender das ameaças do mundo. Sua insólita capacidade de conectar as coisas lançou-o em uma paranoia intolerável. Da interpretação passou à sobreinterpretação, temendo que cada prato de comida estivesse envenenado.

Como relata Binswanger em *A cura infinita*, esse especialista em sobrevivência de ideias antigas na Idade Média e na constelação de imagens do Ocidente chegou ao sanatório num estado de absoluta irritabilidade. Desconfiava de tudo e de todos. Só se acalmava diante de um rosto desconhecido, que não pudesse lhe provocar associações.

Entretanto, jamais perdeu completamente a lucidez. Fez um diário no qual anotou que seu padecimento consistia em estabelecer excessivas "relações causais" entre uma coisa e outra qualquer. Por isso, preferia "comer os pratos simples e abarcáveis com um olhar".

Binswanger procurou fazer com que a razão perturbada de Warburg se curasse por suas próprias vias. O paciente exprimiu suas preocupações por escrito até chegar à assombrosa condição de convalescente.

Quando se sentiu com suficiente domínio de si mesmo, encontrou uma forma curiosa de receber alta: proferiu uma conferência para demonstrar sua lucidez. Em 21 de abril de 1923, os médicos e as enfermeiras se reuniram para ouvir as palavras de Aby Warburg. Estamos diante de um insólito expediente da cultura. O palestrante não fala para obter um título ou instruir os ouvintes, mas para comprovar seu estado mental. Essa situação extrema, em alguma medida, diz respeito a todo e qualquer conferencista, e foi o meu ponto de partida para escrever o monólogo teatral *Conferência sobre a chuva*.

Warburg decidiu dissertar sobre o ritual da serpente entre os índios hopi. Não quis incluir esse texto em suas obras, porque o considerava um mero expediente de saúde mental. Pela mesma razão, protestou por não ter sido mencionado no relatório médico que lhe deu alta.

O estudioso das imagens considerava que o símbolo tinha um valor farmacológico, e criou uma rima para promover essa certeza: "*Symbol tut wohl!*" [O símbolo faz bem]. Apropriadamente, escolheu como tema da dissertação a serpente, capaz de injetar um veneno letal, mas que muda de pele e representa a renovação. Além disso, ela é o emblema da medicina: "Asclépio, o deus grego da saúde, tem como símbolo uma serpente enrolada num bastão", o caduceu que costumamos ver nos consultórios médicos.

Em sua palestra, Warburg aborda o comportamento "mágico-fantástico" dos índios hopi e estuda a hibridização que essa visão sofre quando entra em contato com os costumes racionais da mesma comunidade. No sanatório, ele oscilou entre essas duas formas de comportamento. Como a serpente que lhe serve de fio condutor, ele entendeu que teria de deixar a pele naquele lugar para continuar vivendo.

Warburg conclui que os símbolos, a mitologia, a arte – a representação articulada do real – negam a destruição e permitem superar a angústia da morte e transcender o sofrimento. Sua conferência é uma concretização peculiar do tema abordado. À medida que fala, o professor se cura.

No final, ele ataca a tecnologia desumanizante, descreve o fio elétrico como uma espúria "serpente de cobre" ("Edison despojou do raio a natureza"), alerta contra a perda de contato orgânico com a natureza – o antropomórfico e o biomórfico recuaram para dar lugar aos aparelhos – e exclama como um profeta apocalíptico: "O telégrafo e o telefone destroem o cosmos".

Na opinião de Ulrich Raulff, curador da edição de *O ritual da serpente*, a conferência é uma alegoria do programa de autocura. Warburg "ousou simbolizar as potências fóbicas das quais ele mesmo era vítima: uma palestra sobre a quintessência do terror, exatamente a serpente. Assim, usou o símbolo por excelência da ameaça para examinar sua *ratio.*" Estamos diante de um "grito de guerra" para aproveitar a "coragem do próprio medo". Com doses equivalentes de valentia e capacidade retórica, o convalescente mostrou que havia deixado o nevoeiro do delírio e passado a uma outra zona conflitiva: a razão.

Quando lhe deram alta, presenteou Binswanger com uma réplica de um quadro de Rembrandt, *A gravura dos 100 florins*, no qual Cristo cura os doentes.

A conferência de Warburg revela o papel curativo da inteligência. Talvez essa autocura represente o mais profundo e inconfesso ideal de todo autor: "O resto é a loucura da arte".

Diante da desordem alfabética do teclado, ele deve domar a si mesmo, descobrir a profundidade de suas preocupações, reaver suas perdas, exorcizar seus fantasmas. Assim, repete a cura infinita e o drama de Warburg, "a conquista do símbolo e a precariedade de tal vitória", como diz Raulff.

Para além da sua escrivaninha há um mundo imperfeito, onde o telefone pode tocar de repente. É lá que sua obra será julgada e é lá que ele mesmo será julgado. Ao fim do dia, não sabe se contribuiu para o copioso universo, mas pode apreciar a única conquista irrefutável desse dia: como o intrépido e sofrido Warburg, ele se dá alta.

Juan Villoro (1956) cultiva variados gêneros para dar conta de seus múltiplos interesses, do jornalismo esportivo à crítica literária. É autor, dentre outros títulos, do juvenil *O livro selvagem* (2011) e do romance *Arrecife* (2014), publicados no Brasil pela Companhia das Letras, além de peças de teatro, roteiros de rádio e letras de música. Nascido no México, vive em Barcelona, onde dá aulas na Universidade Pompeu Fabra. Dele, a *serrote* publicou "Itinerários extraterritoriais" (#17) e "O ornitorrinco da prosa" (#23). Este ensaio teve origem na conferência inaugural do III Festival Puerto de Ideas, no Chile, em 2013, e está publicado na coletânea *La utilidad del deseo*, de 2017.
Tradução de **Ari Roitman** e **Paulina Wacht**

O cartunista **Saul Steinberg** (1914-1999) cultivou uma curiosa obsessão por mesas de trabalho – tanto a sua quanto as dos artistas que admirava. Elas aparecem em vários de seus desenhos e litografias, e, a partir dos anos 1970, ganham uma série de esculturas cada vez mais elaboradas, como as aqui reproduzidas. Nelas, Steinberg incorpora à obra elementos de seu próprio estúdio – paletas, pincéis, esboços, objetos pessoais e até sua correspondência – para criar uma irreverente celebração do ofício artístico.

Marília Garcia

Expedição
nebulosa

em 9 atos + 1 diálogo

primeiro,
a cartela indica que posso entrar.
os músicos já estão aqui
e a plateia também.
meus pés me levam ao microfone
e quando estiver lendo estas palavras em voz alta
já estarei *ao vivo*.

[quanto tempo dura o presente?]

foi a pergunta que fiz
quando comecei a escrever este texto.
a ideia é que ele seja lido *ao vivo*.
mas se foi escrito antes
como fazer para ser
ao vivo?

[definir: *ao vivo*]

talvez existam duas vozes:
uma voz é a que lê
ao vivo:

[ao vivo = viva voz]

ela contém ondas,
espécie de viva-voz que eu ligo no presente.
e a outra é esta aqui: a voz do texto.
como fazer para a voz do texto
coincidir com a *voz ao vivo*?

esta foi a outra pergunta que meus dedos fizeram
quando comecei a escrever.
o texto foi feito para a revista *serrote*,

mas queria falar sobre uma serra.
aliás, sobre *um* serra,

[richard serra]

ato I

esta expedição começou
em janeiro, teve a duração de dois meses
e partiu de uma cena que vi
no instituto moreira salles de sp.
eu estava sentada no café do quinto andar
quando surgiu,
no vão que dá para os fundos do instituto,
a ponta de um enorme guindaste.

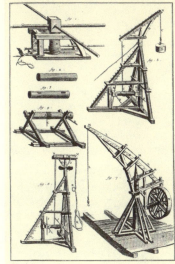

           imaginem uma grua
           do tipo que encontramos
           a cada esquina em são paulo,
           como esta na frente do meu prédio.

      a grua que eu vi
      içava duas placas de aço
      para, em seguida, fincá-las no chão.
      elas formam a obra *echo*, de richard serra.

[echo]

começo com esta imagem:

[   ]

duas peças verticais de 18 metros ancoradas
que podem ser vistas olhando de baixo
ou de cima.
imaginem que isto aqui é um navio
se olho pra fora
a sensação é de um leve movimento.
imaginem que isto aqui é um mapa

que não sei onde vai dar.

ato 2

certa vez,
o haroldo de campos disse
que *são paulo era uma cidade palimpsesto*.

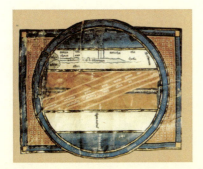

sempre fiquei com essa imagem na cabeça,
projetando uma cidade feita
de camadas:
seria possível pensar em mapas sobrepostos?

ele dizia que era uma cidade que
destruía para construir por cima,
por isso havia diversas camadas temporais se sobrepondo
e, nesse gesto, se apagando.

                                        são paulo é cheia de gruas:
                                        prédios são demolidos
                                        prédios se erguem
                                        estacas afundam
                                        no chão.

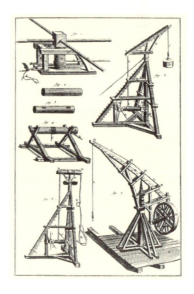

o poeta jacques roubaud,
amigo de haroldo,
tem um livro chamado
a forma da cidade muda mais rápido, hélas,
do que o coração dos homens

                verso tomado
                de baudelaire:

                        "a forma da cidade
                              muda mais rápido, *hélas*, que o coração de um mortal"

ato 3

quando vim morar em são paulo,
em 2013,
passei a conviver com a ideia da *cidade palimpsesto*,
mas ela se transformou em outra coisa.

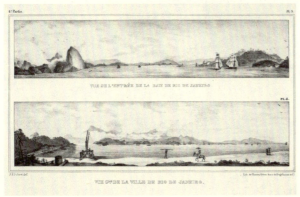

desde que cheguei,
me acontece em alguns pontos da cidade
de achar que estou no rio de janeiro.
é uma sensação que sempre volta
e que se repete em alguns lugares:

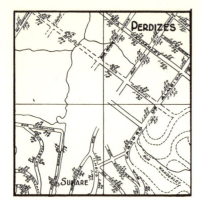

estou num ponto específico de sp
mas é como se estivesse num ponto específico do rio.

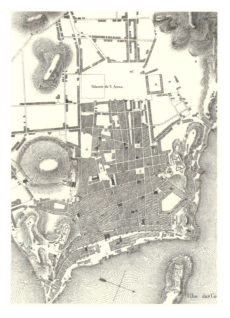

a sensação tem mais relação com o *deslocamento pelo espaço*
do que com a *paisagem em si*.
ou seja, se relaciona mais com a
passagem do que com a *paisagem*.

passagem
paisagem

imaginem que os mapas estão sobrepostos
e estou nos dois lugares ao mesmo tempo.
é um ponto nebuloso: espaços se sobrepõem sem se apagar.
não se trata de uma sucessão,
mas de uma simultaneidade.

[quanto tempo dura o presente?]

para citar um exemplo,
desço a rua maria figueiredo (no paraíso)
e sinto que estou descendo a rua hermenegildo de barros (santa teresa), no rio.
a sensação é de que lá embaixo,
mais ou menos onde fica o ibirapuera,
                    estará o mar.

isso sempre acontece nesse mesmo trecho da rua.
nas primeiras vezes,
ficava confusa – e parava para ver onde estava.
então, olhava de novo para ter certeza.
e não tinha nada parecido,
a não ser o deslocamento espacial pela ladeira.
um deslocamento vertical.

tenho outros exemplos:
estou descendo o viaduto que dá no bixiga,
e de repente estou chegando à praça do santo cristo no rio
(descendo o viaduto chamado são pedro/são paulo).

ao caminhar pela rua oscar porto, no paraíso,
aparece o pedaço de um prédio no que resta de céu:
aquele pedaço de prédio, pra mim, é a uerj.

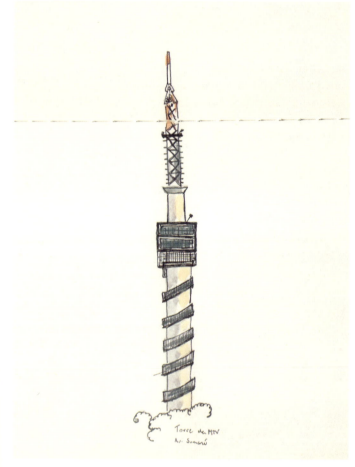

a esquina tripla da rua tutoia com a rafael de barros e alcino braga
é a esquina da rua alice com a mario portela e rua das laranjeiras

poderia seguir enumerando
esses pontos, pois são frequentes,
e isso tudo acontece apenas distraidamente.
se me fixo na paisagem,

[*paisagem*: pedaço de país que a vista alcança]

                                sei que não há qualquer semelhança.

o rio ausente
se torna presente distraidamente
numa sobreposição não cartográfica de mapas.

                    se tento ver o rio, nesses pontos ou noutros,
                    ele escapa, some.
                    afunda.

ato 4

contam na mitologia
que a ninfa eco teria se apaixonado por narciso.

antes disso, eco tinha sido condenada
a só falar quando lhe perguntassem alguma coisa,
e responder sempre repetindo as últimas palavras ditas pelo outro.
quando ela se apaixona por narciso,
não pode tomar a iniciativa da fala,
por isso fica só à espreita contemplando seu amado.
um dia, ele sente a presença dela
e o seguinte diálogo acontece:

Narciso:
Tem alguém aqui?

Eco:
Aqui.

Narciso:
Vem cá!

Eco:
Vem cá.

Narciso:
Por que você foge? Vamos ficar juntos

Eco:
Ficar juntos.

neste momento, eco se aproxima,
mas narciso se afasta.

Narciso:
Prefiro morrer, mas não me entrego a você.

Eco:
Me entrego a você.

ato 5

em fevereiro,
fui ao ims ver a escultura *echo* já instalada.
ela fica no quintal do prédio,
de algum modo escondida
da reta de arranha-céus que é a paulista.

ao olhar a obra de baixo pra cima,
vemos as quinas dela contra o pedaço que resta de céu.
ao olhar a obra de cima pra baixo,
ela está ancorada.

estava chovendo nesse dia.
e, com a chuva, *echo* estava ainda mais vertical.

ao olhar a avenida paulista de cima,
vi esta cena:
um equilibrista na corda bamba
em cima do vão do túnel
e um homem dançando com um guarda-chuva na parte de baixo,
dando a ilusão de estar também na corda bamba.
espaços sobrepostos num único ponto.

[quanto tempo dura o presente?]

volto para as duas peças do richard serra: são quase paralelas,
mas como diz o nome,
trata-se de um *eco:*
apesar de iguais, não têm a mesma angulação.
apesar de iguais, são diferentes.

ato 6

ao ver *echo*, de richard serra,
lembrei de outro trabalho dele,

[equal-parallel: guernica-bengasi]

como diz o nome, não é um eco,
mas algo que se pretende *igual* e *paralelo*.
a obra, feita para o museu reina sofía em madri nos anos 1980,

é formada por quatro peças que pesam 38 toneladas
e trata-se de uma citação de *guernica* de picasso
que está no mesmo museu.

[equal-parallel: guernica-bengasi]

ela sugere que o ataque aéreo a civis em guernica, em 1937,
seria igual e paralelo a um ataque na líbia, em 1986.
mas o curioso dessa obra, de 38 toneladas,
foi que ela desapareceu.

[38 toneladas]

desde os anos 1990, ela estava guardada sem ser exposta,
e, em 2006, quando o museu pediu a obra à empresa que cuidava do armazenamento,
ela não estava mais lá.
equal-parallel, de 38 toneladas, tinha desaparecido.
teve início uma investigação,
mas a polícia nunca descobriu o que aconteceu.
será que a obra tinha sido vendida, roubada ou fundida?
o custo para deslocar as peças não compensava nenhuma dessas ações.
também surgiu a suspeita de que teriam enterrado a escultura
ou suas peças teriam afundado.
mas tentaram escavar o chão do lugar onde ficavam,
usando detectores de metal,
e nada foi encontrado.

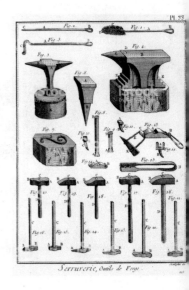

"igual-paralelo" desapareceu sem deixar pistas.

[equal-parallel]

depois, fizeram uma réplica da escultura para colocar no museu.

[   ]

a obra original tinha sumido;
a nova era *igual* à primeira,
a única diferença era que trazia essa história a mais.

ato 7

logo que me mudei para são paulo,
o elevado da perimetral no rio de janeiro foi demolido
o rio também é uma cidade palimpsesto,
embora conserve mais pedaços das camadas de baixo.
depois da demolição do elevado,
seis vigas de aço que pesavam 110 toneladas
desapareceram.

teve início uma investigação até hoje sem solução.

ato 8

na época em que me mudei para são paulo,
o victor heringer,
que também morava no rio,
veio morar aqui.
um dia ele descreveu um projeto que queria fazer
a partir dos mapas do rio e de são paulo.

ele pegaria o mapa do rio
e colocaria em cima do mapa de são paulo.
ele tinha feito um cálculo
para manter a angulação dos mapas.
a partir do encaixe feito,
ele poderia ver em são paulo
os pontos correspondentes aos lugares afetivos do rio.
ele poderia percorrer a cidade
como um palimpsesto
mantendo em eco a resposta da outra cidade.

[isto aqui é uma expedição]

quando o rio aparece em eco pra mim
em pontos específicos de sp,
lembro desse projeto do victor. e do victor.

numa das últimas conversas que tivemos,
fizemos um trabalho juntos.
não tinha o rio e nem são paulo,
mas as galáxias e a calota polar.
meu poema se chamava "expedição nebulosa"
o trabalho dele era uma intervenção gráfica sobre um mapa
da "calota polar":

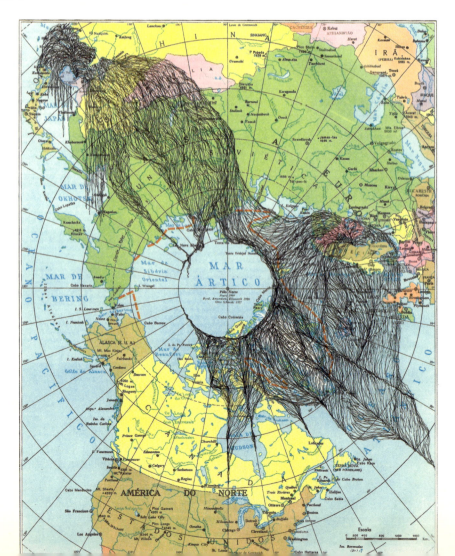

ato 9

enquanto pensava no victor,
segui com a pergunta que tinha feito no início:

[como fazer para a voz do texto coincidir com a voz ao vivo?]

não encontrei uma solução,
mas percebi que talvez a voz *ao vivo* possa ser
um eco do texto escrito.
texto ao vivo é uma resposta.

assim, ligo a voz
para responder.
preciso fazer a voz ouvir
e dizer

o pierre alferi diz que

"pensar é buscar uma frase"

não sei onde devo buscar

[isto aqui é uma expedição nebulosa]

não sei onde devo buscar,
mas seguimos tentando ouvir cada frase
em eco na língua.

diálogo

no dia 7 de março
fez 1 ano da morte do victor.
nesse dia eu estava buscando frases para fazer este texto
e fui preparar uma omelete.
ao quebrar o ovo,
vi a data de validade carimbada na casca: 27/03.
é a data do nascimento do victor.
ele faria 31 anos.

quanto tempo dura o presente?,
eu me perguntei
e nós tivemos o seguinte diálogo:

eu disse:
oi, você sumiu.

                                        e ele disse:

eu disse:
como anda o tempo por aí?

                                        e ele disse:

e eu disse:
eu continuo vendo
os mapas sobrepostos, e você?

                                        e ele disse:

e eu perguntei:
você está me ouvindo?

                                        e ele:

e eu disse:
que ele deixou buracos nos mapas
que não dá para ver as linhas com precisão.

e eu disse:
você sabe como se faz
para afundar as linhas do poema?

> **e ele disse:**
> *as linhas.*

e eu disse:
como?

> **e ele:**
> *então.*

e eu
o quê?

> **e ele:**
> *as linhas das montanhas do rio.*

e eu disse
o que tem elas?

> **e ele disse:**
> *são as linhas de um eletrocardiograma.*

e eu disse:
você escreveu isso num poema.

e ele não respondeu mais.

Marília Garcia (1979) é poeta, tradutora e editora. Publicou *Câmera lenta* (Companhia das Letras, 2017), volume de poemas ganhador do Prêmio Oceanos, *Um teste de resistores* (7Letras, 2014) e *Parque das ruínas* (Luna Parque, 2018), entre outros livros. Este texto foi escrito para a *serrote ao vivo* e apresentado durante o segundo Festival Serrote, em março de 2019.

Por um radicalismo iluminista

Marina Garcés

No mundo que confunde informação e conhecimento, é preciso retomar a crítica como combate à credulidade generalizada e à cultura como sistema de sujeição política

1. Marina Garcés desenvolve o conceito de "condição póstuma" no primeiro capítulo do livro *Nueva ilustración radical*, onde este ensaio foi publicado originalmente: "É uma obviedade que toda libertação desemboca em novas formas de dominação ainda mais terríveis, e que todo saber mobiliza novas formas de poder. Mas também é óbvio o argumento reacionário com o qual se condenou toda tentativa radical de transformar o mundo e de impulsionar o desejo, pessoal e coletivo, de emancipação. Assim acabamos aceitando, como um dogma, a irreversibilidade da catástrofe. Por isso, para além da modernidade, que desenhou um futuro para todos, e da pós-modernidade, que celebrou um presente inesgotável para cada um, nossa época é a da condição póstuma: sobrevivemos, uns contra os outros, em um tempo que apenas resta" (Marina Garcés, *Nueva ilustración radical*. Barcelona: Anagrama, p. 10). [N. do E.]

Entendo o iluminismo como o combate contra a credulidade e seus efeitos de dominação. Na virada do século 17 para o 18, ocorreu na Europa um amplo movimento iluminista que não se definiu por um projeto comum, mas por sua rejeição comum ao autoritarismo em suas diferentes formas (política, religiosa, moral etc.). Que a Europa moderna estivesse atravessada por esse movimento não implica, porém, que o iluminismo seja um patrimônio vinculado a uma identidade cultural, a europeia, nem a um período histórico, a modernidade. De fato, poderíamos fazer uma história da humanidade seguindo e tecendo os fios dos diversos iluminismos, muitos deles nunca escutados, em diversos tempos e partes do mundo. É por isso, também, que hoje podemos perguntar pela possibilidade de um novo iluminismo radical contra a condição póstuma,[1] um iluminismo nem moderno nem pós-moderno, e sim fora desse ciclo de periodização linear do sentido histórico. Um iluminismo planetário, talvez, mais geográfico que histórico e mais mundial que universal.

Frente a esta definição do iluminismo, entendo a modernização, em contrapartida, como um projeto histórico concreto das classes dominantes europeias, vinculado ao desenvolvimento do capitalismo industrial por meio da colonização. A modernização do mundo é um projeto civilizatório que dualiza a realidade em todas as suas dimensões e hierarquiza o seu valor: o antigo e o novo, o tempo passado e o tempo futuro, a tradição e a inovação, a raça branca e as outras, a tecnociência e os saberes menores, a razão e a superstição, o valor de uso e o valor de troca, nós e eles... E, atravessando todas essas oposições, a dualidade fundamental, aquela que distingue e contrapõe frontalmente o mundo natural e o mundo humano, a natureza e a cultura. Em todas essas dualidades há um sinal positivo e um negativo, um sinal de mais e um de menos. Isso leva, naturalmente, a uma nova operação de dominação que afeta todos os âmbitos da vida, até onde chega a modernização. As feridas que esse projeto civilizatório deixou em nossos corpos e nas nossas mentes, nos ecossistemas do planeta, nas línguas, culturas, saberes e formas de vida do mundo inteiro desataram nas últimas décadas uma ira, uma espécie de consenso antimoderno que é, ao mesmo tempo, uma certa unanimidade anti-iluminista. O livro recente de Pankaj Mishra, *Age of Anger: A History of the Present* [A era da raiva: uma história do presente], apresenta um panorama cultural e político sangrento derivado desse ressentimento implantado em todo o mundo pela própria modernização de tipo ocidental. Mishra expõe linearmente a relação direta entre iluminismo e modernização como o principal argumento da catástrofe atual:

> Os ambiciosos filósofos do iluminismo deram à luz a ideia de uma sociedade perfectível – um Céu na Terra mais que no além. Esta ideia foi adotada com entusiasmo pelos revolucionários franceses – Saint-Just, um dos mais fanáticos, comentou memoravelmente que "a ideia de felicidade é nova na Europa" –, antes de se tornar a nova religião política do século 19. Introduzida até o coração do mundo pós-colonial no século 20, ela se transformou em fé na modernização feita a partir do alto.

Anish Kapoor
Obras da série *Shadow*, 2007
Cortesia do artista e Paragon |
Contemporary Editions Ltd., Londres

A confusão entre o impulso emancipador que guia o desejo de uma vida feliz e digna na Terra e o projeto de domínio sobre

todos os povos e recursos naturais da Terra é perigosa porque ignora o combate no interior da própria modernidade, e nos deixa sem referências e sem ferramentas emancipadoras com que combater os dogmatismos da nossa obscura condição póstuma, seus gurus e seus salvadores.

A distinção, no interior da modernidade, entre a aposta crítica de um iluminismo radical e revolucionário e os diversos projetos moderados e reformistas modernos que a recuperam e neutralizam, foi desenvolvida por vários historiadores que alteraram a visão que os vencedores da filosofia e da política moderna nos haviam oferecido. Talvez o mais conhecido deles seja Jonathan Israel, mas na mesma linha trabalharam, antes e depois, outras referências como Margaret Jacob, Ann Thomson, Paul Hazard, Philipp Blom etc. Graças a eles, mais que pela história da filosofia, sempre escrita a partir do império de Kant e do idealismo alemão, podemos ter acesso a outro sentido da ruptura iluminista e interrogar-nos acerca de sua atualidade.

Combater a credulidade não é atacar qualquer crença. As crenças são necessárias para a vida e para o conhecimento. A credulidade, em contrapartida, é a base de todo e qualquer domínio porque implica uma delegação da inteligência e da convicção. Os enciclopedistas afirmam no verbete "Crítica" da *Encyclopédie Française*: "A credulidade é a sorte dos ignorantes; a incredulidade decidida, a dos meio sábios; a dúvida metódica, a dos sábios". Para o iluminismo, não se trata de estabelecer qual é o saber mais acertado, e sim qual é a relação mais acertada com cada uma das formas da experiência e do saber. A aposta não consiste, portanto, em substituir a religião pela ciência e fazer dela, como se diz frequentemente, uma nova religião moderna. O iluminismo não é um combate da ciência contra a religião ou da razão contra a fé. Isto é uma simplificação reducionista que distorce o que verdadeiramente está em jogo. O que o iluminismo radical exige é poder exercer a liberdade de submeter a exame qualquer saber e qualquer crença, venha de onde vier, formulada por quem for, sem pressupostos nem argumentos de autoridade. Esse exame necessário da palavra dos outros e, especialmente, do próprio pensamento é o que então começou a ser chamado, de forma genérica, de crítica. Além do sentido estrito que esse termo tinha, e que se referia ao trabalho de interpretação de textos antigos, no século 18 passa a significar, ainda segundo a *Encyclopédie*, "um exame claro e um juízo equilibrado das produções humanas".

A crítica não é um juízo de superioridade. Justamente o contrário. É a atenção necessária exigida por uma razão que se sabe finita e precária e assume essa condição. Continua a *Encyclopédie*: "O que deve fazer então o crítico? [E]m poucas palavras, convencer o espírito humano da sua fraqueza, desde que possa empregar de modo útil a pouca força que desperdiça em vão." Por isso Kant radicaliza ainda mais a aposta crítica: não precisamos submeter a exame apenas as verdades que produzimos (as da ciência, da lei, dos valores morais etc.), mas a razão também deve ser submetida à sua própria crítica, desconfiar de si mesma e interrogar-se sempre sobre seus próprios desejos e limites. "A razão produz monstros"... A frase é de Goya, mas poderia ter sido escrita pelo próprio Kant.

Do ponto de vista iluminista, portanto, a crítica é autocrítica, o exame é autoexame, a educação é autoeducação. Em última instância, a crítica é autonomia do pensamento, mas não autossuficiência da razão. A pergunta que guia o iluminismo não é, portanto, o "até quando?" da condição póstuma, mas o "até onde?" da crítica. Até onde podemos explorar a natureza sem nos perdermos nem a destruir? Até onde podemos perguntar sem preconceitos pelos princípios e os fundamentos? Até onde e para quem são válidos determinados valores morais? E certos deuses? Até onde queremos ser governados por certas leis e por determinados soberanos? A crítica é uma arte dos limites que nos devolve a autonomia e a soberania.

A razão é autônoma, mas não autossuficiente, porque o iluminismo se atreve a assumir o caráter natural da condição humana. Em continuidade com a natureza e não além dela, a alma humana não pode aspirar a uma visão privilegiada, nem a uma inteligibilidade superior, nem a uma verdade eterna. Saber é trabalho, elaboração, tentativa e erro, uma elaboração contínua e inacabada do sentido e do valor da experiência humana. Nas raízes do iluminismo, antes de sua captura idealista e positivista, há um reencontro com a condição corporal e carnal do ser humano. O materialismo antigo, de Demócrito, Epicuro e Lucrécio, tendo passado pelas leituras clandestinas de Spinoza, entra em cena de novo. Como argumentar que a matéria pensa e quais são as consequências dessa afirmação? Esta é a pergunta que o iluminismo radical nos deixa, por intermédio das discussões de autores como Diderot, o barão de Holbach, John Toland, Helvétius, Voltaire, Rousseau, Pierre Bayle, Hobbes, La Mettrie etc. Não se trata mais de que o verbo se fez carne, mas de que a carne produz verbos e os verbos têm consequências na maneira como vamos viver em nossa carne.

Assumir a condição natural e corporal do humano implica aceitar a parcialidade e a precariedade das nossas verdades, mas também a perfectibilidade do que somos e do que fazemos de nós mesmos. Saber não é mais ter acesso às verdades eternas de Deus, mas melhorar a nossa própria compreensão e a nossa relação com o mundo que nos rodeia. Os iluministas não eram uns iludidos pelo progresso. Muitas vezes o desencanto posterior os pintou assim, embevecidos exatamente pela credulidade que combatiam. O iluminismo radical não é iludido e sim combativo. E seu compromisso, de Spinoza até Marx, incluindo Nietzsche, não é outro senão a melhora do gênero humano, contra tudo aquilo que, de forma sistemática, o oprime e degrada. Com o passar do século 18, a experiência direta da prosperidade material, sobretudo na Inglaterra industrial e colonial, altera profundamente o sentido dessa exigência moral, política e científica de "tornar-nos melhores" por meio do saber. Pouco a pouco, melhorar passa a significar prosperar, e o progresso do gênero humano,

a identificar-se com o aumento da riqueza. Mas esse deslocamento do sentido da emancipação por parte da economia política é um dos grandes pontos de virada que neutralizam a radicalidade da aposta crítica do iluminismo. O outro vem de forças mais internas, da própria esfera pública como cenário de uma nova forma de servidão: a servidão cultural.

SERVIDÃO CULTURAL

Com a consolidação do Estado moderno e de suas formas de poder, a esfera pública se constitui como sistema da cultura. A dissolução do poder teocrático e da sociedade estamental faz da cultura o principal meio a partir do qual é possível dar forma e sentido à vida coletiva, suas relações de pertencimento e seus mecanismos de obediência. Frente aos vínculos por obrigação (religiosa, de linhagem e de vassalagem), o sistema da cultura se encarrega de forjar o cidadão livremente obediente: ele tem que articular, ao mesmo tempo, sua autonomia como sujeito e sua obediência como cidadão. No Estado moderno, o contrato é a forma de vínculo: contrato social e contrato trabalhista. E o contrato pressupõe, ainda que formalmente, a livre adesão das partes. Como orientar a livre adesão? Por que com uns e não com outros? E até onde se estendem as exigências da implicação mútua? A cultura moderna mobiliza duas ideias, a identidade nacional e a prosperidade econômica, como os principais argumentos da livre adesão. É a forma daquilo que La Boétie já havia analisado no século 16: a servidão voluntária, agora apresentada como servidão cultural.

Hegel, o filósofo que reúne a ideia de formação (*Bildung*) da humanidade e sua culminação na forma Estado, explica muito bem como opera o sistema da cultura nessa tarefa de livre subordinação. Escreve ele em *Filosofia do direito*:

> A cultura é, portanto, em sua determinação absoluta, a libertação e o trabalho de sua libertação superior [...]. Essa libertação é no sujeito o duro trabalho contra a simples subjetividade da conduta, contra o imediatismo do desejo, assim como contra a arbitrariedade do gosto. Que esse trabalho seja duro é parte do pouco favor que recebe.

O que a cultura faz, portanto, é libertar o cidadão dos particularismos para integrar o sujeito no Estado. Libertá-lo do imediatismo para obrigá-lo à mediação. Emancipá-lo da arbitrariedade para despertá-lo para o ponto de vista da universalidade. Emancipação e sujeição, liberdade e obediência se encontram numa existência sem fissuras. A autonomia se reconfigurou como auto-obediência. Poucas décadas depois, em *O mal-estar na cultura*, Freud analisará a dor dessa integração, repressiva e forçosa, e suas entranhas psíquicas e políticas.

Diante da servidão cultural, a crítica radical, com seu combate contra a credulidade e suas formas de opressão, se transforma em crítica à cultura.

Isto é, em desmascaramento da cultura como sistema de sujeição política. Essa crítica não é aquela que surge do olhar de um juiz externo, imune, mas o autodiagnóstico do corpo e das mentes afligidas, submetidas pelo próprio projeto da cultura e sua responsabilidade política. Nietzsche desmascara, na cultura da Europa do seu tempo, os valores de uma moral ressentida e doentia. O Romantismo desvenda a alienação silenciada nos êxitos da modernização. Marx mostra como se alojam e operam nela os interesses de classe da burguesia. O feminismo descobre a discriminação política, produtiva e reprodutiva que o discurso da emancipação universal encobre. Walter Benjamin assinala o resto que as narrativas de progresso, mesmo as revolucionárias, estão deixando perder-se. A teoria crítica de seus colegas da Escola de Frankfurt denuncia a violência da indústria cultural e seus efeitos destrutivos. As diferentes escolas do pensamento pós-colonial demonstram a relação intrínseca entre colonialismo e modernidade.

E é assim até os nossos dias, quando as instituições globais da cultura se transformaram em sede permanente da crítica cultural. É o caso, particularmente, dos museus de arte contemporânea, mas também dos estudos culturais, das faculdades de filosofia e de ciências humanas e de uma parte importante dos ensaios sobre pensamento contemporâneo. O problema é que quando a cultura se reduz à crítica da cultura, sua autonomia fica condenada à autorreferencialidade: a filosofia como crítica da filosofia, a arte como crítica da instituição arte, a literatura como crítica das formas literárias etc. Essa circularidade é parte da nossa experiência póstuma, já que se trata de um exercício da crítica que só pode circular no espaço que fica entre o que já foi e a impossibilidade de ser outra coisa. Como um circuito fechado de água, aparenta movimento, mas não vai a lugar algum, e enquanto isso apodrece. É preciso sair dessa espiral e situar a necessidade da crítica em suas raízes: a denúncia das relações entre o saber e o poder não tem interesse em si mesma, só adquire valor em seus efeitos de emancipação. Ou seja, na medida em que nos devolve a capacidade de elaborar o sentido e o valor da experiência humana da afirmação de sua liberdade e de sua dignidade.

De fato, os primeiros iluministas já advertiam sobre esse perigo. Ao contrário de acreditar ingenuamente que a ciência e a educação por si mesmas redimiriam o gênero humano do obscurantismo e da opressão, o que lembravam era a necessidade de examinar quais saberes e qual educação contribuiriam para a emancipação, desconfiando de qualquer tentação salvadora. É preciso ler muitas vezes o *Discurso sobre as ciências e as artes*, de Rousseau, e *O sobrinho de Rameau*, de Diderot, entre outros textos, para não simplificar a envergadura do desafio iluminista. Ambos, desde sua amizade inicial até o distanciamento posterior, eram plenamente conscientes de que a cultura do seu tempo era o principal álibi de um sistema de poder hipócrita e adulador que reproduzia, ocupando seu lugar, as relações de poder anteriores. Escreve Rousseau

no *Discurso*: "As suspeitas, as sombras, os temores, a frieza, a reserva, o ódio, a traição sempre se ocultarão atrás do véu uniforme e pérfido da boa educação, dessa urbanidade tão elogiada que devemos ao iluminismo do nosso século". Mas não é só o Rousseau desenganado, arredio e pré-romântico. Também Diderot, *"le philosophe"*, mostra os limites do dogma iluminista quando Rameau, o parente infeliz do grande músico do momento, é desqualificado por seus senhores com as seguintes palavras: "Ao que parece, quer ter bom senso, entendimento, razão? Pois vá embora. Isso nós já temos." A obra *O sobrinho de Rameau* retrata com essa atitude a posição de uma classe dirigente que começa a monopolizar e instrumentalizar o acesso à cultura e ao conhecimento.

Ambos vislumbraram a servidão cultural que o iluminismo começava a alimentar. Ambos denunciaram o simulacro e alertaram contra toda e qualquer ingenuidade culturalista. Junto com a aposta iluminista nascia então sua própria crítica, e com a confiança, a suspeita: essa é a atitude fundamentalmente iluminista, em que a autocrítica não se confunde com a autorreferencialidade. Essa relação implacável entre a aposta emancipadora e a crítica aos seus riscos é o que precisamos atualizar hoje. Nosso problema é que elas se separaram: por um lado, a exploração do desencanto frente aos efeitos destrutivos da modernização e sua fraude na hora de construir sociedades mais justas e mais livres reforça cada vez mais a cruzada anti-iluminista. Por outro lado, ante a catástrofe do nosso tempo, exigimos mais conhecimento e mais educação, invocando o seu poder salvador. É como um mantra que se repete e que dificilmente se sustenta em algum argumento comprovável. O fato decisivo do nosso tempo é que, em conjunto, sabemos muito e, ao mesmo tempo, podemos muito pouco. Somos iluministas e analfabetos simultaneamente.

Rousseau denunciava que o desenvolvimento cultural e o desenvolvimento moral haviam se separado. Diderot mostrava as relações de dominação econômica que sustentavam o simulacro de moralidade e de sensibilidade estética da sociedade iluminista. Nossa desconexão é ainda mais radical: sabemos tudo e não podemos nada. O simulacro não é mais necessário. Nossa ciência e nossa impotência andam de mãos dadas sem se ruborizar. Vivemos em tempos de analfabetismo iluminado.

ANALFABETISMO ILUMINADO

Junto com o combate contra a credulidade aparece um novo problema: não basta ter acesso ao conhecimento disponível no nosso tempo, o importante é que possamos nos relacionar com ele de maneira que contribua para melhorar a nós e o nosso mundo. Se sabemos potencialmente tudo, mas não podemos nada, de que serve esse conhecimento? Caímos na mesma inutilidade, redundância e desorientação que o iluminismo denunciava. Credulidade superinformada. É preciso ir além, portanto, da luta pelo livre acesso ao conhecimento, que é uma condição necessária, mas não suficiente para a emancipação.

Na verdade, o problema do acesso universal ao conhecimento é um problema moderno. Com o aumento da produção científica, artística e midiática, passa para o primeiro plano a pergunta a respeito de quem pode acessar o quê. Em contraste, na Grécia Antiga, assim como em muitas outras culturas, o problema principal não era o acesso ao conhecimento, mas a compreensão da verdade e seus efeitos sobre a vida. Comprovam isso os fragmentos de Heráclito, os diálogos platônicos ou os textos taoistas, como Lao-Tsé ou Zhuangzi: de que adianta saber isto ou aquilo se estamos longe de compreender seu sentido? O *logos*, a ideia, o Tao... Mudam os nomes para indicar a mesma coisa: que o conhecimento não é determinada informação ou discurso a respeito de algo, mas um modo de nos relacionarmos com o ser, com o ser do mundo que nos rodeia e com o nosso próprio, se é que podem ser separados. O problema do acesso, portanto, não é a disponibilidade, é o problema do caminho, de uma aproximação que implica um deslocamento. No ocidente, quando o monoteísmo incorpora sua matriz religiosa ao substrato filosófico e científico grego, a ideia se mantém, mas o caminho da verdade implica a condição de que esta tenha sido revelada e que seja sustentada pela fé. Mas o fato continua sendo o mesmo: a relação com a verdade modifica a nossa posição e o nosso modo de estar, com sentido, no mundo. É compreensão ou, em termos mais religiosos, iluminação ou revelação.

Com a revolução científica, vivida na Europa entre os séculos 16 e 18 como uma eclosão de produção de dados experimentais, técnicas e saberes articulados a partir deles, o problema do acesso começa a ter o sentido que lhe damos atualmente: quem e que instituições devem ter a guarda e o monopólio desses saberes? Como comunicá-los e armazená-los? Quais devem ser seus públicos, receptores, interlocutores e beneficiados? Rapidamente os manuais, os dicionários e as enciclopédias passaram a ser cobiçados best-sellers, as sociedades e as academias de ciências se emanciparam das instituições políticas e religiosas que até então haviam abrigado o conhecimento, e a esfera pública começou a se nutrir, por meio de publicações impressas em tiragens cada vez maiores, daquilo que já se podia começar a chamar de produção científica. É nesse momento que, no interior dos Estados europeus e, em parte, nas suas colônias, se coloca a questão pedagógica e a pergunta política sobre a universalização da educação estatal ou pública. O acesso de todos à educação se transforma então, e até os nossos dias, num dos principais pontos de qualquer programa político de caráter emancipador, guiado pelas noções de igualdade, de liberdade e de justiça.

Mas já naquele momento se detectou, por parte dos próprios impulsionadores do movimento iluminista, que a disponibilidade e a acessibilidade dos novos saberes, produzidos cada vez em maior quantidade e velocidade, não

solucionavam o problema, mas abriam outros. Concretamente, no mesmo verbete "Crítica" da *Encyclopédie*, os enciclopedistas assinalam a necessidade da crítica a partir de alguns problemas que parecem contemporâneos nossos. Concretamente: a velocidade, a arbitrariedade, a inutilidade e a impossibilidade de digerir, isto é, de compreender, o que está sendo produzido.

> Muitas vezes o desejo de conhecer fica estéril devido ao excesso de atividade. É preciso buscar a verdade, mas também esperar por ela, avançar à frente dela, mas nunca além dela. O crítico é o guia sábio que deve obrigar o viajante a parar quando o dia acaba, antes de perder-se nas trevas.
>
> [...] As descobertas precisam de um tempo de maturação, antes do qual as pesquisas parecem ser infrutíferas. Uma verdade, para eclodir, espera a reunião dos seus elementos [...]. O crítico deveria observar com cuidado essa fermentação do espírito humano, essa digestão dos nossos saberes [...]. Assim conseguiria silenciar todos aqueles que não fazem senão engordar o volume da ciência, sem aumentar seu tesouro. [...] Desta maneira, quanto espaço conseguiríamos liberar em nossas estantes! Todos esses autores que tagarelam sobre ciência em vez de raciocinar seriam tirados da lista de livros úteis: teríamos assim muito menos para ler e muito mais o que absorver.

Já se temia então, na metade do século 18, a saturação das bibliotecas, a acumulação do conhecimento inútil e a impossibilidade de lidar adequadamente com o saber. Sem o exercício da crítica, o conhecimento tende a se tornar inútil porque, embora tenhamos acesso a seus elementos, não sabemos como nem de onde lidar com eles. A crítica, como é explicado no mesmo texto, se desdobra numa atividade múltipla que consiste em selecionar, contrastar, verificar, descartar, relacionar ou contextualizar, entre outras. Não apenas constata, mas valida; não apenas acumula, mas interroga sobre o sentido de forma dinâmica e contextualizada. Não estamos tão longe dessa situação, mas as condições mudaram e ficaram muito mais complexas.

Hoje temos poucas restrições de acesso ao conhecimento, mas há muitos mecanismos de neutralização da crítica. Entre vários outros, podemos destacar quatro: a saturação da atenção, a segmentação de públicos, a padronização das linguagens e a hegemonia do solucionismo.

NEUTRALIZAÇÕES DA CRÍTICA

Os enciclopedistas já se referiam aos tempos lentos da verdade e à dificuldade de digerir o conhecimento disponível. Se houvessem imaginado, por um momento, o alcance do problema dois séculos e meio depois, certamente teriam sucumbido a uma indigestão incurável. Tanto em termos de velocidade como de quantidade, o salto foi exponencial. Hoje temos estatísticas sobre publicação, produção científica e processamento da atividade coletiva que chegam a dimensões de ficção científica. Com relação a esse fenômeno, há duas noções que adquiriram relevância nos últimos anos: a economia da atenção e a interpassividade.

O primeiro termo, cunhado pelo economista Michael Goldhaber, remete ao fato de que, quando o volume de informação com que nos relacionamos aumenta tanto, o problema já não é apenas a necessidade de selecioná-la, mas também a impossibilidade de prestar atenção a toda ela. Como podemos selecionar se não pudermos atentar para tudo o que nos rodeia? Como discriminar criticamente se não podemos processar (digerir) tudo? É óbvio que o aumento exponencial de informação e de conhecimento faz com que grande parte desse saber fique desatendido e, portanto, a própria atenção, e não a informação, se transforma num bem escasso e valioso.

Essa é a conclusão em termos de economia da atenção, mas junto com ela precisamos desenvolver uma psicologia e uma política da atenção. A primeira tem a ver com as patologias que a própria saturação da atenção produz: ansiedade, desorientação, depressão. A segunda, com as consequências e os desafios políticos que essa mesma atenção saturada gera. Basicamente, impotência e dependência. Não podemos formar opinião sobre tudo o que acontece à nossa volta. O duplo limite da atenção, o recebimento de dados e informações e a sua elaboração em forma de opinião e de saber, tem como consequência a paralisia ante um cenário assolador. Uma subjetividade assolada é aquela que atualmente se submete com mais facilidade à adesão acrítica à opinião, à ideologia ou aos juízos dos outros. Como não podemos formar uma opinião sobre tudo o que nos rodeia, seguimos ou aderimos às opiniões que os outros nos oferecem já formatadas, sem ter a capacidade de submetê-las à crítica. Não é este o mecanismo daquilo que Kant chamava de heteronomia? A diferença é que em outros tempos a heteronomia se baseava na ignorância como ausência de conhecimento, como falta de acesso ao saber, enquanto hoje funciona a partir do acesso ao conhecimento, que é transbordante e, portanto, inoperante.

Cada época e cada sociedade têm sua forma de ignorância. Dela se depreendem suas correlativas formas de credulidade. A nossa é uma ignorância afogada em saberes que não podem ser digeridos nem elaborados. Uma de suas figuras mais extremas é a que foi chamada de "interpassividade", ou "subjetividade interpassiva". O termo foi cunhado pelo filósofo vienense Robert Pfaller e retomado em mais de uma ocasião, também, pela crítica cultural de Slavoj Žižek. A interpassividade é uma forma de atividade delegada que oculta a própria passividade; de forma mais concreta, tudo aquilo que não fazemos, deixando que outro, normalmente uma máquina, faça por nós: das fotocópias que, pelo fato de termos tirado, nunca mais iremos ler, como dizia Umberto Eco em relação aos acadêmicos, até as canções ou filmes que, por termos

baixado, não escutaremos nem veremos mais. A máquina já faz isso por nós. É uma relação sem relação que desloca a informação, mas que, obviamente, não gera experiência, compreensão nem movimento algum.

Tempos atrás já se alertava também para os perigos da especialização. O desenvolvimento das ciências e das técnicas na modernidade provocou uma dificuldade progressiva e uma autonomização das diversas disciplinas entre si e em relação ao tronco comum da filosofia. Isso teve como consequência a aparição de um novo tipo de ignorância, que hoje afeta inevitavelmente todos nós: conhecer somente uma disciplina e ignorar radicalmente as noções mais fundamentais das restantes. Essa tendência teve um atenuante, até a primeira metade do século 20, na ideia de cultura geral, que fazia as vezes de contêiner e de caixa de ressonância das experiências oferecidas pelas diferentes especialidades científicas, artísticas e humanísticas, embora de forma muito simplificadora. Atualmente até essa noção se tornou impraticável.

A pergunta que se faz então é a seguinte: será que todos nós nos tornamos especialistas, e somente especialistas? A resposta é que também não é assim. A verdadeira especialização, cada vez mais complexa e exigente, fica nas mãos de muito poucos, enquanto o que se produz, de modo geral, é uma segmentação de saberes e de públicos. Isso acontece tanto no mercado como na academia. São oferecidos saberes e produtos tecnológicos e culturais de acordo com segmentos: de idade, de renda, de procedência etc.

O segmento não é um fragmento. Nos debates sobre a pós-modernidade discutiu-se muito o valor do fragmento no final das grandes narrativas. O fragmento era ambivalente: ao mesmo tempo em ruínas e livre. Algo quebrado e algo liberado que abre um campo de incerteza e a possibilidade de novas relações. O segmento, por sua vez, é uma elaboração que categoriza, pauta e organiza a recepção de saberes. Organiza a distância para administrá-la de forma previsível e identificável.

A segmentação do saber e de seus públicos tem a ver, antes, com uma padronização da produção cognitiva. O que parece longínquo em relação aos conteúdos se assemelha quanto aos procedimentos. A transversalidade não conecta mais experiências, e sim modos de funcionar. Seja lá o que for, a questão é que tudo funciona igual. Três exemplos: a atividade acadêmica, o mundo da moda e o aparato midiático da opinião. Vemos nos três casos uma situação similar: a justaposição de elementos que funcionam com os mesmos parâmetros e protocolos. No caso da academia, ciências que não se comunicam entre si são ensinadas e pesquisadas com os mesmos parâmetros temporais, com os mesmos dispositivos institucionais e usando os mesmos critérios de avaliação. Na universidade, nem sequer compreendemos o que falam os nossos vizinhos de departamento, mas o garantido é que todos, em todas as universidades do mundo, sabem funcionar da mesma maneira.

Ocorre o mesmo com a moda: os mesmos calendários, temporadas, a aceleração das mudanças e a personalização das tendências, que, no entanto, fazem todo mundo se mover em uníssono, pelas mesmas ruas das mesmas cidades, a partir da mesma intensidade das exigências e de uma necessidade idêntica de mudar de aspecto incessantemente para que nada mude. No âmbito da opinião, que hoje domina o senso comum do conjunto da população minuto a minuto através da mídia, vemos essa mesma padronização do pensável levada ao paroxismo; as opiniões são oferecidas uma ao lado da outra, com mais ou menos encenação do conflito segundo as audiências, mas sempre com o mesmo pressuposto de fundo: que o fato de ter uma opinião neutraliza a exigência de dar um passo além para que ela possa ser questionada. Todas as opiniões têm o mesmo valor porque são isto: opiniões. Padronizadas enquanto tais, perdem toda a força de interpelação e de questionamento. Elas se manifestam uma ao lado da outra, mas perdem qualquer possibilidade real de comunicação entre si. A segmentação e a padronização são dois processos que, paradoxalmente, avançam juntos e têm como consequência uma administração ordenada e previsível da incomunicação entre saberes e da sua inutilidade recíproca.

A INTELIGÊNCIA DELEGADA

É essa ideia de administração do conhecimento e dos seus resultados que alimenta a ideologia solucionista, que atualmente está se tornando hegemônica. Segundo define, entre outros, Evgeny Morozov, o solucionismo é a ideologia que legitima e sanciona as aspirações de abordar qualquer situação social complexa a partir de problemas de definição clara e soluções definitivas. Nascido no âmbito do urbanismo e desenvolvido ideologicamente no Vale do Silício, o termo "solucionismo" tem sua própria utopia: a de transportar a humanidade para um mundo sem problemas. Nesse mundo sem problemas, os humanos vão poder ser estúpidos porque o próprio mundo será inteligente: seus objetos e seus dispositivos, os dados que o conformarão e as operações que o organizarão. Na utopia solucionista, não se trata mais de aumentar a potência produtiva para ampliar as capacidades humanas. Trata-se de delegar a própria inteligência, num gesto de pessimismo antropológico sem precedentes. Deixe que elas decidam, as máquinas, porque nós, humanos, não só nos tornamos pequenos, como afirmava Günther Anders, mas sempre acabamos causando problemas. A inteligência artificial, assim entendida, é uma inteligência delegada. É preocupante não que ela seja exercida por uma máquina, uma bactéria, uma partícula ou o dispositivo que for. O que preocupa é que é aproblemática e, portanto, irrefletida. Pode aprender e corrigir a si mesma, acumulando dados. Autoeducação agora significa autocorreção. Mas não pode se autoexaminar nem se submeter a um julgamento equilibrado.

Porque é aproblemática, é acrítica. Humanos estúpidos num mundo inteligente: é a utopia perfeita.

A credulidade do nosso tempo nos entrega a um dogma de dupla face: ou o apocalipse ou o solucionismo. Ou a irreversibilidade da destruição, e mesmo da extinção, ou a inquestionabilidade de soluções técnicas que nunca estão a nosso alcance. Se nós ficamos sem futuro é porque a relação com o que pode acontecer se desconectou completamente do que podemos fazer. Por isso, tanto faz saber. Podemos saber tudo, como dizíamos, mas igualmente não poderemos fazer nada com isso. Mesmo a pedagogia atual, com seus discursos e projetos renovadores, prega atualmente esta desconexão: é preciso preparar-se para um futuro do qual não sabemos nada. Não existe uma afirmação mais despótica e horrenda do que essa. Não é uma abertura à incerteza e à criatividade, mas uma desvinculação entre a ação e as aprendizagens presentes em relação às suas consequências futuras. Desresponsabilização e despolitização como condições para a delegação da inteligência. Ruptura do elo ético da ação. As formas de opressão que correspondem a essa credulidade são muito diversas: desde novas formas de desigualdade material e cultural extremas até fenômenos de degradação da vida em todos os seus aspectos, físicos e mentais. Degradação dos empobrecidos e degradação de elites que nem sequer sabem se dirigem o mundo que os enriquece a toda a velocidade. Com toda a sua diversidade de formas, todas as formas de opressão do nosso tempo passam pela aceitação de um "não sabemos pensar o que está acontecendo nem como intervir nisso".

Ante tal desativação da subjetividade crítica, um novo iluminismo radical tem como principal desafio repor no centro de qualquer debate o estatuto do humano, seu lugar no mundo e em relação com as existências não humanas. Não se trata de prolongar o projeto inconcluso da modernidade, como propunha Habermas nos anos 1980. Porque não é uma tarefa do passado, é uma guerra que se está travando contra o nosso futuro. Adorno e Horkheimer afirmavam com tristeza, em 1947, que o casamento entre o homem e a natureza era uma história que, com o iluminismo, havia terminado mal. E tinham razão, se a única história possível desse casamento é a que foi escrita pela modernização capitalista, eurocêntrica e antropocêntrica. Na atual era planetária, o encontro entre o homem e a natureza não é mais um casamento patriarcal, com todos os seus perigos e estruturas de dominação, mas algo bastante mais incerto. O que falta resolver parece ser, somente, quem vai destruir quem. Diante disso, a utopia da inteligência delegada se prepara para uma nova concepção da sobrevivência, nem natural nem humana, mas pós-humana, pós-natural ou, simplesmente, póstuma.

Há uma pergunta, porém, que nenhuma forma de dogmatismo solucionista jamais poderá chegar a responder. É a pergunta que La Boétie, no século 16, considerava como a raiz de toda e qualquer insubordinação à servidão voluntária: viver é isto? Uma pergunta, como ele mesmo escrevia, que está ao alcance de qualquer um e que pode aparecer em qualquer contexto da vida. Não apela para uma objetividade calculável, mas para uma dignidade que sempre pode ser questionada. Em última instância, é uma pergunta que pode ser compartilhada, mas não delegada, porque o que ela expressa é que a vida consiste em elaborar o sentido e as condições do *vivível*. Voltar a essa pergunta hoje, e lançá-la contra as credulidades e servidões do nosso tempo, é afirmar que o tempo da humanidade pode chegar a se esgotar, mas que o humano é exatamente aquilo que não está acabado. Reapropriarmo-nos desse inacabamento é nos reapropriarmos da nossa condição e da nossa inteligência reflexiva, sem romper com o contínuo das inteligências não humanas, mas sem submetê-las aos nossos ditames. As humanidades, a partir desse panorama, não são um conjunto de disciplinas em extinção, mas um campo de batalha no qual se dirime o sentido e o valor da experiência humana. Não é preciso defendê-las, mas participar com força daquilo que está entrando em jogo por meio delas. Frente às humanidades em extinção, as humanidades em transição.

Marina Garcés (1974) nasceu em Barcelona e é professora na Universidade de Zaragoza. Filósofa, integra o Programa de Estudos Independentes do Museu de Arte Contemporânea de Barcelona e o coletivo de crítica Espai en Blanc. Dentre seus livros mais recentes, todos inéditos no Brasil, estão *Fuera de classe* (2016), *Ciudad princesa* (2018) e *Nueva ilustración radical* (2017), onde este ensaio foi publicado originalmente.
Tradução de **Ari Roitman** e **Paulina Wacht**

Nascido em Bombaim e radicado em Londres, **Anish Kapoor** (1954) é reconhecido pelo uso inventivo das formas geométricas em suas esculturas e obras visuais, pelas quais já recebeu o prêmio Turner.

Ondas catastróficas

Daniel Galera

Onipresentes, as imagens de Fukushima, Mariana ou Brumadinho nos fazem ver até o que não gostaríamos e põem em xeque o lugar do romance realista nos dias de hoje

1

Nos anos 1980, com uns dez anos de idade, eu brincava na beira da praia, deitado no fundo do mar raso, apenas com a cabeça para fora d'água. Daquele ponto de vista, contemplando as marolas que se aproximavam, eu imaginava estar diante de ondas gigantes, da altura de penhascos, que quebravam com violência cataclísmica e se aproximavam em alta velocidade.

Havia um contraste marcante entre a minha imaginação de criança e as imagens midiáticas disponíveis nas revistas de surfe e enciclopédias da época. As fotografias e ilustrações eram sempre bonitas, bem-acabadas, mostrando ondas tubulares que, apesar de enormes, tinham proporções harmônicas. Elas retratavam uma espécie de maremoto ideal que ninguém jamais tinha visto. Mas as ondas que eu enxergava pelo prisma da minha fantasia na beira da praia não eram bonitas nem harmônicas. A espuma avançava em turbilhões caóticos, a onda rugia, era suja, bestial, indistinta, e em grande medida subjetiva. O poder de aniquilação dessa onda fantasiosa era vívido, e a graça, para mim, estava justamente em me submeter de brincadeirinha a essa potência destrutiva. Imaginar, de certa forma, que estava morrendo. A cada marola, eu vivenciava meus últimos instantes sobre a terra.

O tempo passou e, ao longo da adolescência e do início da vida adulta, eu seguia desenvolvendo aquela visão, imaginando, por exemplo, um maremoto atingindo a praia em que eu tomava sol com os amigos, ou então rodava na cabeça um filminho no qual testemunhava, do ponto de vista distante e seguro de um helicóptero, um tsunâmi arrebentando contra as rochas de um litoral fictício. Essas cenas eram epifenômenos do meu fascínio instintivo pelo mundo natural, fabulações do simulador de que o espírito humano dispõe para lidar com a grandiosidade dos elementos. Vistas de distância segura, seja do alto de um helicóptero ou do quartinho aconchegante da introspecção, aquelas ondas exibiam uma violência maravilhosa.

Então, em março de 2011, deparei na televisão e no YouTube com imagens do tsunâmi que atingiu a costa do Japão após um terremoto de 9 graus na escala Richter, um desastre natural que causou enorme destruição, matando mais de 15 mil pessoas e provocando o vazamento nuclear na usina de Fukushima. As imagens digitais em baixa qualidade não faziam muito sentido no começo. Havia somente cenas de um lodo se esgueirando como um réptil por cima de barreiras de contenção, invadindo ruas, derrubando postes e casas, arrastando veículos e materiais de toda espécie. Estava mais para uma enxurrada do que um maremoto. Será que nenhuma câmera havia flagrado a onda propriamente dita?

Em algum momento, ficou claro que aquela sopa de detritos captada pelos celulares dos sobreviventes que conseguiram se proteger a tempo em locais elevados *era* o tsunâmi, e que ele em nada se parecia com as ondas surfadas pelos *big riders* ou com as cenas em CGI de filmes como *Impacto profundo*. Dias depois, apareceram imagens um pouco mais satisfatórias da onda se aproximando da praia, incluindo uma imagem aérea obtida de um helicóptero, como nas minhas fantasias particulares. Mesmo nessas imagens, porém, o tsunâmi é marcante por sua ausência de dramaticidade. Vemos um muro de água aborrecido por ter que desviar daqueles barcos, casas, pessoas e animais. É possível constatar a imensa força destrutiva das águas nas imagens, mas essa é uma observação mais racional do que estética. Esteticamente, parece que algo belo se perdeu para sempre. A imaginação maravilhosa foi poluída pela textura opaca do real.

2

Pulamos para novembro de 2015, no município de Mariana, Minas Gerais. De um instante para outro, acontece um desastre que ninguém passou a vida romanticamente imaginando. O noticiário informa que uma barragem de rejeitos da Samarco, empreendimento conjunto da brasileira Vale com a anglo-australiana BHP Billiton, se rompeu e liberou uma onda de lama que varreu do mapa o subdistrito de Bento Rodrigues. Quase ao mesmo tempo, as primeiras fotografias chegam aos sites.

Como no caso do tsunâmi japonês, foi preciso ajustar o olhar e reconfigurar nossa imaginação para entender o que estava sendo mostrado nas imagens. A lama avermelhada jogou carros em cima dos telhados das casas e escavou, no local onde antes havia um povoado de 600 habitantes, uma ravina de proporções difíceis de assimilar. A escala do dano parece fora de proporção, como se aquilo derivasse da era dos gigantes na mitologia nórdica ou de um mundo alienígena. Metáforas antes empregadas somente por ambientalistas radicais soaram, de uma hora para outra, estranhamente adequadas – uma ferida aberta na crosta terrestre. Nos dias e nas semanas seguintes, uma tragédia ecológica de magnitude inédita se desenrolou, com os ecossistemas do rio Doce e do litoral capixaba sendo gravemente afetados, assim como as comunidades que residiam no entorno do rastro da lama.

Diferentemente do tsunâmi japonês, as imagens do desastre de Mariana não vieram para substituir um imaginário prévio e idealizado, e sim para acrescentar algo que antes era inimaginável. Ao contrário do tsunâmi japonês, consequência do deslocamento de placas tectônicas, o rompimento da barragem foi resultado da atividade humana, incluindo aí a negligência criminosa das mineradoras. Mas os fluxos de imagens documentais gerados pelos dois episódios nos ajudam da mesma maneira a pensar sobre como a visibilidade total que caracteriza a era digital vem afetando nosso senso estético. Imagens que até há pouco não podiam existir reposicionam a já porosa barreira entre a representação e o real. Lacunas que precisávamos preencher com os medos e as vontades da imaginação vão sendo ocupadas por imagens digitais com características peculiares.

Em *The Universe of Things* [O universo das coisas], o filósofo Steven Shaviro observa que, ao longo do século 20, predominou uma estética regida pelo sublime. O poder de atração estética de um fenômeno ou objeto estava ligado à sua substância, a algo que ele guardava de misterioso, inacessível ou distante. No século 21, com o avanço das tecnologias digitais, estaríamos em transição para uma estética do belo. A internet e as novas tecnologias de imagem deixam tudo à disposição do olhar. "O universo das coisas não somente está disponível para nós", escreve Shaviro, "mas vai se tornando cada vez mais inevitável." Quando tudo está *acintosamente* acessível, a atração estética passa a derivar menos das potencialidades do sublime e mais das relações e dos arranjos entre as coisas já disponíveis. É uma estética dos padrões, das colagens, das fusões, das representações sensoriais possíveis para o processamento de informação incessante que nos cerca.

De acordo com essa ideia, é o sublime que morre diante das imagens do tsunâmi japonês disponíveis no YouTube. Adeus, mítica onda gigante que ninguém nunca viu, bem-vindo, sopão de destroços que derruba preguiçosamente as casas. No caso do desastre de Mariana, já não se pode dizer o mesmo. Há algo de sublime nas imagens, se pensamos no sublime como a presença dessa substância que desestabiliza o espírito, e que pode se converter em alguma espécie de satisfação estética na medida em que estamos afastados e protegidos de sua hostilidade. É o sentimento da criança diante das ondas colossais que fabrica na imaginação: o poder destrutivo das águas, o fato de que estamos isolados dele pela fantasia ou por um ponto de vista seguro, é parte essencial da apreensão estética. As imagens de Mariana tocam nessa sublimidade, expondo um horror geológico violento, do qual estamos protegidos pela mediação das imagens, ainda que seus efeitos sobre vidas humanas e ecossistemas sejam conhecidos e divulgados. Na beleza das relações e dos padrões, que substitui o sublime nos tempos da visibilidade total, tanto a substância desestabilizadora quanto o sujeito da experiência estética deslizam para o segundo plano, cedendo lugar aos objetos em si, com sua existência independente do ponto de vista humano. Como esse movimento altera o trabalho da imaginação criadora? Como desloca nosso entendimento sobre a função da beleza e as possibilidades de transformação política da arte?

3

Em junho de 2017, um grande incêndio florestal causou devastação em Pedrógão Grande, Portugal. As chamas e a fumaça engoliram um trecho de rodovia, chamuscando veículos e seus passageiros. Um vídeo no YouTube mostra imagens captadas por um drone logo após a passagem do fogo. A câmera percorre a estrada em velocidade lenta, ajustando suavemente

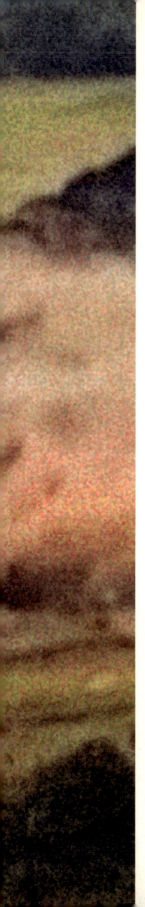

sua altitude, mostrando as carcaças amontoadas dos carros em meio às cinzas. De repente, o drone acelera, sobe dezenas de metros e apresenta uma visão panorâmica da estrada e das árvores fumegantes, e vai avançando para mostrar as equipes de resgate estacionadas à distância, contra um céu amarelado que ainda parece estar em combustão.

Tudo nesse vídeo é insólito e real ao mesmo tempo. A liberdade de movimentos do drone lembra muito os movimentos de câmera encontrados em videogames, nos quais a câmera nada mais é do que um olho virtual posicionado matematicamente em um mundo fictício de gráficos computadorizados. As tonalidades do vídeo, numa gama de ocres, marrons e amarelos, lembram muito a paleta de cores que nos acostumamos a ver em filmes pós-apocalípticos, como os da série *Mad Max*. Os videogames e os efeitos especiais do cinema passaram décadas procurando imitar a realidade com gráficos cada vez mais avançados, mas agora são os artefatos audiovisuais de captação do mundo real que emulam a estética dos videogames. A hiper-realidade de Jean Baudrillard mordeu o próprio rabo: os mundos simulados de alta fidelidade se confundem com registros documentais que fazem lembrar simulações. Lembretes dessa confluência estética estão por toda parte: enquanto reviso este texto, sites de tecnologia reverberam a especulação de que as futuras restaurações da catedral de Notre-Dame, em Paris, parcialmente destruída por um incêndio (que gerou seu próprio fluxo de imagens digitais espetaculares em tempo real), contarão com a ajuda dos modelos tridimensionais extremamente detalhados que foram criados para o jogo de videogame *Assassin's Creed Unity* (2014), no qual se pode percorrer a arquitetura gótica do edifício por dentro e por fora, contemplando texturas que reproduzem fielmente cada tijolo e estátua.

E que dizer dos dois famosos vídeos que circularam após o rompimento da barragem em Brumadinho, também controlada pela Vale, em 25 de janeiro de 2019? Um deles mostra a barragem propriamente dita no instante da ruptura. O que parece ser um morro normal, sólido e coberto de grama, de repente afunda e se desmancha, metamorfoseando-se numa onda de lama gigante que nos entrega todo o *páthos* prometido pelas imagens do tsunâmi no Japão. O outro vídeo é uma tomada aérea do pátio de operações da Vale, feita do alto do que parece ser uma esteira de minério. Por alguns segundos, há apenas uma poeira suspeita se erguendo no horizonte, e a imagem é quase estática, típica do que costumamos associar a câmeras de monitoramento. De repente, algo difícil de descrever, uma massa escura maleável, desponta no lado esquerdo do vídeo e vai se arrastando em direção ao centro. O volume dessa massa é, à primeira vista, incompatível com a escala dos demais elementos em cena. Parece que alguém derramou uma massa de bolo sobre uma maquete, ou então estamos diante de algo genuinamente inclassificável, saído de um filme-catástrofe dirigido por David Cronenberg.

No mesmo dia em que os vídeos caíram na internet, o *Jornal Nacional* apresentou análises minuciosas das imagens, usando e abusando de recursos de câmera lenta e *zoom* que revelaram o drama de seres humanos microscópicos desaparecendo diante de uma muralha de lama da altura de um prédio de nove andares, ou manobrando veículos no pátio da mineradora em uma tentativa desesperada de salvar a própria pele. Na era da visibilidade total, podemos ver até o que não gostaríamos de ver. As catástrofes em grande escala cabem na tela do celular, e as emoções humanas acenam como manchas coloridas em imagens eletrônicas da atividade cerebral. A enxurrada das imagens se soma às enxurradas de relatos, opiniões, mensagens pessoais, dados e transcrições. A verdade há de se revelar em determinada ordenação narrativa. A beleza há de surgir em determinado padrão. Não pare de olhar. Haja imaginação.

4

Não é de espantar que a ficção recente tenha se concentrado, em grande medida, em narrativas autoficcionais e identitárias. As banalidades, ambiguidades e reentrâncias da experiência subjetiva, bem como as lacunas narrativas de diversos grupos sociais e minorias até hoje perseguidos ou invisíveis na cultura predominante, preservam sua relevância diante do espetáculo da visibilidade total. Ao mesmo tempo, literaturas ditas de gênero, como ficção científica, fantasia e horror, vicejam com novas ideias e perspectivas, retratando a aventura humana com uma liberdade e um verniz estético distanciados do realismo vigente.

O que parece anacrônico na era da visibilidade total, quando se fala em literatura, é o tipo de romance realista ainda hegemônico, o modelo de narrativa masculina e burguesa por excelência, atenta à metódica construção psicológica dos personagens e à representação detalhada e naturalista do real. É o tipo de narrativa que, de modo geral, posso ser acusado de praticar desde os meus primeiros livros publicados. Quando escrevi meu último romance, *Meia--noite e vinte*, lançado em 2016, experimentei pela primeira vez o desgaste das ferramentas com as quais estava acostumado a transcrever minha imaginação e minha vida interior. O fluxo das imagens e das informações, na internet e em outras mídias, me dava a impressão de estar sempre correndo à frente das minhas ideias. Os fenômenos que eu estava interessado em explorar por meio da ficção – o impacto das novas tecnologias na vida sentimental e no sexo, a ansiedade pré-apocalíptica da minha geração, as energias acumuladas e dissipadas nas manifestações populares que ficaram conhecidas como Jornadas de Junho, a nostalgia pela cultura e pela internet dos anos 1990, entre outros – estavam expressos com tanta veemência na balbúrdia constante das redes sociais e dos grupos de WhatsApp, e descritos de maneira tão abrangente nas pesquisas do Google e nos vídeos do YouTube, que atingir a sensação de estar colaborando com uma visão pertinente da realidade foi uma tarefa frustrante. Não cabe a mim, e tampouco é assunto deste ensaio, julgar os méritos do resultado. Menciono o livro apenas para registrar que ele representou um marco na percepção que tenho da minha própria capacidade de seguir narrando o presente. É difícil falar disso, pois não tenho a situação bem esclarecida nem para mim mesmo. Mas é como se os vazios a serem preenchidos com a ficção tivessem sido invadidos ou contaminados pelas imagens digitais e pelo excesso de informação.

Talvez não possamos falar em consenso, pois ainda há adeptos dos milagres divinos ou tecnológicos (a diferença é cada vez mais irrelevante), mas há um subtexto onipresente na vida contemporânea, um murmúrio no inconsciente coletivo, repetindo que estamos à beira de um precipício. De maravilha em maravilha, a jornada do homem prometeico nos trouxe a uma cisão quase completa com tudo aquilo que é considerado, com ou sem propriedade, inanimado ou não humano. Estou de acordo com quem acredita que essa cisão equivalerá, seja a curto ou a longo prazo, ao nosso autoextermínio. O aquecimento global, as extinções de espécies e outros efeitos destrutivos da civilização sobre o meio ambiente anunciam uma espécie de apocalipse sem fim, um acúmulo de inúmeras catástrofes, nenhuma delas definitiva por si própria, cuja duração, extensão e complexidade desafiam o intelecto e a percepção. Com as atuais tecnologias de informação e imagem, o sistema descreve a si mesmo em tempo real, energizado pela publicidade e por esotéricos fluxos de capital, turbinado por algoritmos. Precisamos, devemos continuar imaginando alternativas e antídotos para tal cisão.

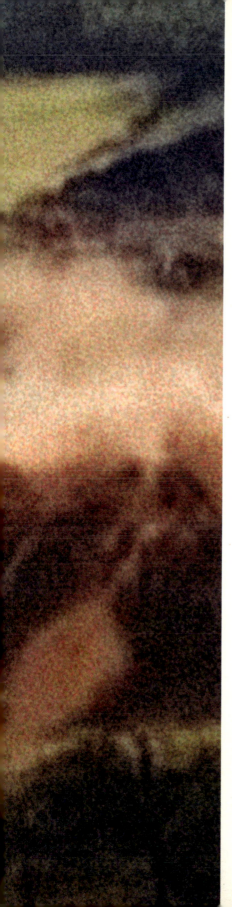

Como observou o teórico da mídia McKenzie Wark, no ensaio "Sobre a obsolescência do romance burguês no Antropoceno", o romance realista é adequado a um fluxo de tempo constante, previsível, que segue na direção de um progresso e esclarecimento cada vez maiores. Não há espaço para incoerência, mistérios, para uma acomodação estrutural do imprevisível ou dos fenômenos inapreensíveis por inteiro, rotulados pelo filósofo Timothy Morton de "hiperobjetos". Diante de hiperobjetos como o aquecimento global, a internet e a energia nuclear, fenômenos complexos que só conseguimos apreciar de maneira incompleta, e que nos forçam a lidar com noções de tempo e de espaço muito mais imprevisíveis, as estratégias de representação do real no romance realista, sugere Wark, deixariam de funcionar.

Podemos acrescentar à formulação de Wark essa invasão das terras ancestrais da imaginação pelas imagens digitais que saturam o imaginário e parecem deixar pouco para a criatividade. A infraestrutura combinada dos dispositivos munidos de câmeras, da internet, das redes sociais e das demais mídias tradicionais já não fornece ao autor exatamente estímulos para a imaginação, mas antes um estoque de abrangência quase infinita, e constantemente atualizado, de elementos e peças que podem ser montados e recombinados para construir narrativas. Não podemos esquecer, porém, que esse olhar fornecido pelas novas tecnologias, por mais que possa parecer onisciente, é, também ele, uma nova versão parcial da realidade, ainda que os ideólogos da informação, genuflexos diante de seus algoritmos, insistam em que a transparência total chegou para ficar. É uma missão da literatura, e da arte como um todo, seguir confrontando e questionando o que se apresenta como real.

Escrever ficção que não soe redundante ou anacrônica na era da visibilidade total é um desafio que tem me assustado. Não se trata, é claro, de uma crise temática, mas sim de abordagem. Como leitor e espectador, já não vejo muito sentido nesse artifício específico que recebe o rótulo amplo de realismo, nas colagens e nos pastiches, nos exercícios de estilo nostálgicos e irônicos, tampouco nos edifícios psicológicos e narrativos que almejam solidez impecável. Onde pisar? O apelo mais humilde e direto à emoção, às questões jamais esgotadas do amor e da raiva, da dor e do prazer, da morte e do nascimento, continua a ser, eu acho, o reduto seguro de quem se arrisca a narrar.

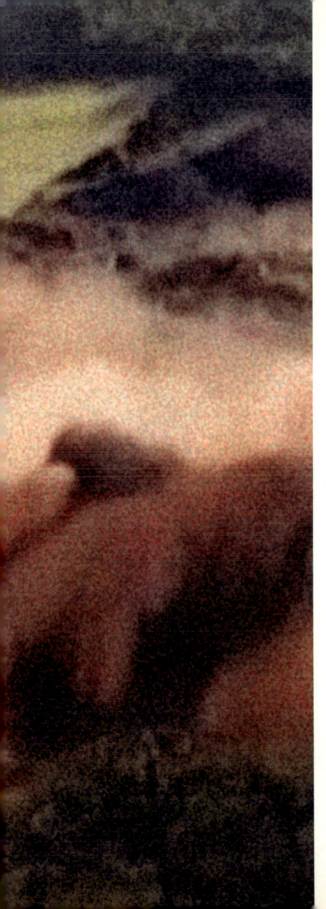

Batalhar pela sobrevivência do sublime, procurando o que ainda possa ser misterioso e sagrado em meio à estética dos padrões e dos algoritmos, talvez seja uma estratégia possível. Outro caminho pode estar na alegoria obscura, como vemos, por exemplo, nos recentes romances de J.M. Coetzee, ou em investir contra o bom gosto e o socialmente adequado, apostando no valor de uma desestabilização gratuita do senso comum. Reverter o exílio dos objetos ditos inanimados e das criaturas não humanas, trazendo-os de volta, ou pela primeira vez, aos domínios do que merece ser narrado e levado em consideração, observar a erosão em curso de limites entre espécies, escalas, gêneros e hierarquias, e combater o antropocentrismo onde e como se manifeste, também são territórios para uma ficção que me atrairia ler e produzir.

A escrita nunca oferece garantias ao escritor, e não tenho garantia nenhuma de que terei sucesso numa busca por novas abordagens. Posso estar confinado à minha versão particular desse realismo do qual passei a desconfiar, e limitado a fazer o meu melhor dentro de seu cercado. De todo modo, procuro me lembrar de que a arte não trabalha somente com o que está dado. A ficção pode produzir novidade. Pode parecer não ter saído de lugar nenhum nem ter grandes objetivos. Cercado de imagens digitais de nossas inúmeras catástrofes em curso, tenho vontade de escrever uma ficção que soe como um capricho sem proposta clara, um exercício gratuito da tendência cósmica à novidade, ao excedente de vida. Acho que isso nunca deixará de ser importante, e talvez seja mais simples do que parece.

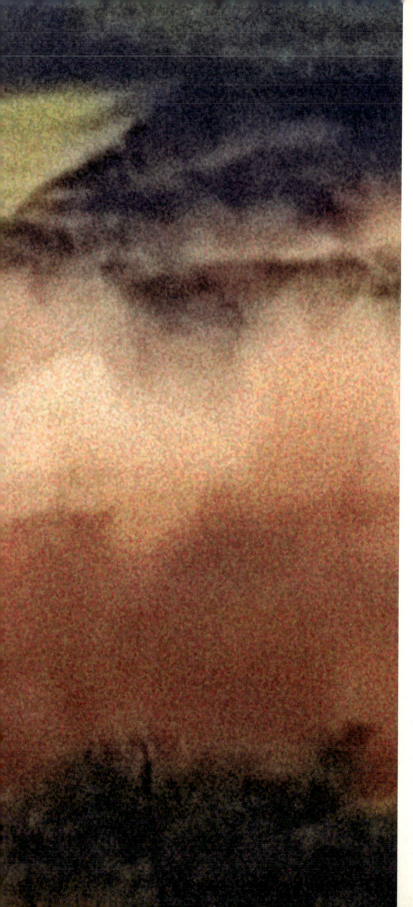

Daniel Galera (1979) é tradutor e escritor. Vencedor dos prêmios Jabuti, Machado de Assis e São Paulo de Literatura, é autor, entre outros, de *Mãos de cavalo*, *Barba ensopada de sangue* e *Meia-noite e vinte*, todos publicados pela Companhia das Letras. Este texto foi escrito para a *serrote ao vivo* e apresentado durante o segundo Festival Serrote, em março de 2019. As imagens aqui reproduzidas foram registradas por uma câmera de segurança momentos depois do rompimento da barragem de rejeitos da Vale em Brumadinho (MG), em janeiro de 2019.

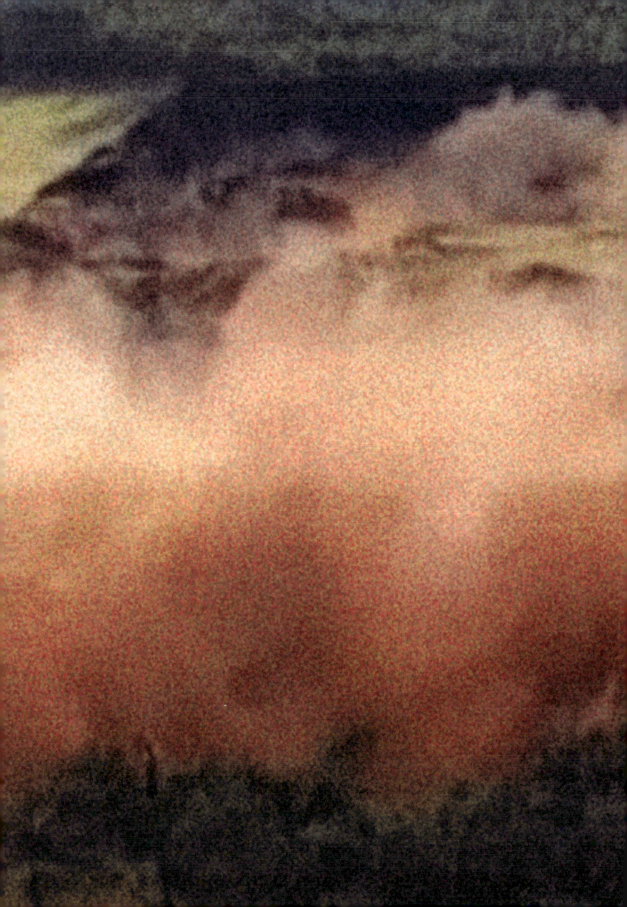

#32
julho 2019

 InstitutoMoreiraSalles

Walther Moreira Salles (1912-2001)
FUNDADOR

DIRETORIA EXECUTIVA
João Moreira Salles
PRESIDENTE
Gabriel Jorge Ferreira
VICE-PRESIDENTE
Mauro Agonilha
Raul Manuel Alves
DIRETORES EXECUTIVOS

Capa: Rachel Levit, desenho do livro *Shifted*, 2016
Folha de rosto: Jim Dine, *Saw*, 1976

© Rachel Levit; © Dine, Jim/AUTVIS, Brasil, 2019, imagem cortesia do artista e da galeria Alan Cristea (Londres); © 1995 Toni Morrison. Publicado originalmente na revista *The Nation* (1995), republicado no livro *The Source of Self-Regard* (Alfred A. Knopf, 2019) e republicado aqui sob permissão de ICM Partners; © Paul B. Preciado; © Virginie Despentes; "Raiva e ternura" reproduzido de *Essential Essays*, de Adrienne Rich, com permissão da editora W.W. Norton & Company, Inc. © 2018 Adrienne Rich Literary Trust. © 2009, 2003, 2001, 1993, 1986 Adrienne Rich. © 1979 W.W. Norton & Company, Inc. Todos os direitos reservados; © Gabriela Wiener; © Camila von Holdefer; © Noemi Jaffe; © Fabrício Corsaletti; © Matias Serra Bradford; © Juan Villoro; © Marília Garcia; © Marina Garcés 2018. Publicado originalmente por Editorial Anagrama S.A.; © Daniel Galera.

Agradecimentos: Anish Kapoor; editoras Anagrama, Galaxia Gutenberg e Paragon Press; Henry Taylor; galerias Alan Cristea e Blum & Poe; Jim Dine; Juan Villoro; Marina Garcés; Nrishinro Vallabha Das Mahe; R.B. Kitaj Estate; Robert Rauschenberg Foundation; Victoria Comune; Virginie Despentes.

serrote é uma publicação do Instituto Moreira Salles que sai três vezes por ano: março, julho e novembro.

COMISSÃO EDITORIAL **Daniel Trench, Eucanaã Ferraz, Flávio Pinheiro, Guilherme Freitas, Heloisa Espada, Paulo Roberto Pires e Samuel Titan Jr.**

EDITOR **Paulo Roberto Pires**
DIRETOR DE ARTE **Daniel Trench**
EDITOR-ASSISTENTE **Guilherme Freitas**
COORDENAÇÃO EDITORIAL **Flávio Cintra do Amaral**
ASSISTENTE DE ARTE **Cristina Gu**
PRODUÇÃO GRÁFICA **Acássia Correia**
PREPARAÇÃO E REVISÃO DE TEXTOS **Ana Paula Martini, Flávio Cintra do Amaral, Huendel Viana, Juliana Miasso, Lia Fugita, Nina Schipper e Rafaela Biff Cera**
CHECAGEM **Luiza Miguez**
IMPRESSÃO E TRATAMENTO DE IMAGENS **Ipsis**

© Instituto Moreira Salles
Av. Paulista, 2439/6º andar
São Paulo SP Brasil 01311-936
tel. 11.3371.4455 fax 11.3371.4497
www.ims.com.br

As opiniões expressas nos artigos desta revista são de responsabilidade exclusiva dos autores. Os originais enviados sem solicitação da *serrote* não serão devolvidos.

ASSINATURAS 11.3971.4372 ou serrote@ims.com.br
www.revistaserrote.com.br